작은 디저트 카페를 꿈꾸는 이들에게!

마카롱 **11억의 기적**

작은 디저트 카페를 꿈꾸는 이들에게!

마카롱 **11억의 기적**

제1판 1쇄 발행 | 2019년 11월 30일

지 은 이 | 김혜경
펴 낸 이 | 박성우
펴 낸 곳 | 청출판
주   소 | 경기도 파주시 안개초길 18-12
전   화 | 070-7783-5685
팩   스 | 031-945-7163
전자우편 | sixninenine@daum.net
등   록 | 제406-2012-000043호

ⓒ 2019 김혜경
ISBN | 978-89-92119-78-8 03320

작은 디저트 카페를 꿈꾸는 이들에게!

11억의 기적
마카롱

김혜경 지음

처 출판

통장 잔고 375원

공과금을 제대로 납부해본 적이 언제인지 기억나지 않는다. 매달 전기, 가스가 끊긴다는 독촉장과 월세가 밀려 주인에게서 날아오는 독촉 문자는 두 다리가 휘청거릴 만큼 나를 힘들게 했다. 10년 가까운 시간 동안 이런 날들의 연속이었다. 나의 소원은 매달 몇십만 원의 적금을 붓는 것도, 남들처럼 해외 여행 가는 것도, 그리고 내 집을 갖는 것도 아니었다. 통장에 공과금 자동이체를 해보는 것이 유일한 소원이었다. 다른 사람들에겐 보통의 일상이고 당연한 일인데 왜 나에게만 허락되지 않는 것인가. 내가 너무나 큰 꿈을 꾸고 있는 것인가, 매달 쓰는 공과금조차 낼 여력도 없이 사는 게 무슨 삶의 의미가 있을까, 어디까지 견뎌낼 수 있을지 모르겠다. 가끔 나 자신도 무서웠다. 이런 나의 상황을 모두 놓아버리기라도 할까봐.

가장 힘들었던 건 나에게는 희망이 없다는 사실이었다. 원래 가진 것이 없었고 평생을 힘들게 살아왔다. 내 가족만큼은 그렇게 만들지 않으려고 누구보다 성실하고 악착같이 일했다. 하지만 금전적인 안정은 쉽게 찾아오지 않았다. 어떤 것보다 나를 미치게 만들었던 건 우리 아이들이 나와 똑같은 가난 속에서 살아갈지도 모른다는 생각에 너무나 괴로웠다. 큰아이가 전기료 독촉장 고지서를 들고 와서 눈물을 흘린 적이 있다. "엄마, 이거 낼 돈 있어? 우리 여기서도 쫓겨나는 건 아니지?"

밀린 월세와 전기 요금, 수도 요금, 가스 요금과 함께 베이킹 수강료 10만 원을 어떻게 맞추고 나니 주머니에는 단돈 2천 원과 통장 잔고 375원이 전부였다. 2천 원으로 컵라면과 삼각 김밥을 샀다. 점심을 먹는 내내 눈물이 멈추질 않았었다. 2016년 6월 1일 내 인생의 고통과 아픔을 잊지 않고 반드시 기억하기 위해 375원의 통장 잔고를 캡처하고 글을 남겼었다. 1년 후의 오늘은 반드시 웃고 있을 거다. 꼭 그렇게 만들 것이다.

[KB]06/01 15:19
437201**003
유███
ATM입금
27,000
잔액100,375
　　　　　15:19

[KB]06/01 15:29
437201**003
이███
인터넷출금이
100,000
잔액375
　　　　　15:29

두 번째 소원

나의 첫 번째 소원이 공과금 자동이체였다면 두 번째 소원은 우리 아이들 먹고 싶은 것 마음껏 사주는 것이었다. 어느 날, 딸기를 먹고 싶다고 딸아이가 내게 말했다. 딸기 한 팩에 15,000원. 이 돈이면 우리 식구 한 끼 식사를 해결할 수 있었다. 엄마는 비싸서 못 산다며 당당히 얘기했다. 하지만 고작 딸기 한 팩도 못 사주는 못난 엄마는 가슴으로 울었다. 조금 더 좋은 부모 밑에서 태어났으면 먹고 싶은 것 마음껏 먹고, 배우고 싶은 것 마음껏 배울 텐데 그저 미안하기만 했다.

어린 딸은 하고 싶은 게 많다. 영어, 수영, 태권도, 피아노 등 배우고 싶어 하는 것이 많았다. 피아노가 배우고 싶다고 해서 원비를 알아보니 12만 원이다. 하지만 유치원 외에 아무 곳도 보내지 못했다. 피아노 교습비 12만 원을 매달 지출하기에는 너무 큰 금액이다. 월세와 공과금도 제때 내질 못하는데 피아노는 도저히 엄두가 나질 않았다. 당장 먹고 사는 게 우선인데 피아노가 무슨 소용이 있겠는가! 딸은 1년 내내 피아노 학원 노래를 불렀다. 엄마는 1년의 시간 동안 다짐하고, 다짐하고 수없이 다짐했다.

'조금만 기다려… 조금만 기다려….'
'그런데 언제까지 기다려야 할까?'

퇴근 시간쯤 아들에게서 전화가 걸려왔다.
"엄마, 돼지갈비 먹고 싶어요."

당장 내 호주머니에는 만 원 한 장이 없었지만, 그날은 안 된다고 얘기하기 싫었다. 아빠에게 전화를 걸었다. "아들이 돼지갈비가 너무 먹고 싶다고 하네요. 오늘은 당신 일당으로 외식해요." 네 식구의 한 끼 식사값 6~7만 원은 우리에게 큰 출혈이었다. 어제도 오늘도 주어진 삶의 현실이 비참했지만 아들이 먹고 싶다는 돼지갈비를 함께 먹었다. 새벽부터 막노동 일당으로 번 12만 원의 절반을 한 끼 식사로 쓰다니, 우리의 전 재산이 고작 이것밖에 없다니, 현실은 너무 냉혹하고 고통스러웠다.

실패를 딛고 희망의 마카롱으로

제주도에서 처음 카페를 창업할 당시 다른 카페에서 흔하게 볼 수 있는 허니 브레드나 베이글은 판매하기 싫었다. 누구나 공장에서 받을 수 있는 생지나 완제품을 받아 데워만 주는 식의 디저트는 판매할 생각조차 하지 않았다. 모든 걸 매장에서 직접 만들어야 한다는 고집과 흔한 걸 싫어하는 성격이 합쳐져 호기롭게 내세운 메뉴가 찹쌀파이였다. 신선한 메뉴를 판매한답시고 'Y-PIE'라는 이름으로 카페를 처음 열게 되었다. 건강한 음식을 판매하면 성공할 것이라는 생각으로 시작했지만 시장성 없는 메뉴는 오래가지 못했다. 첫 카페 창업의 실패를 겪고 나서 차별화된 특별한 무언가로 판매하지 않으면 오래갈 수 없다는 것을 깨달았다. 그리고 새로운 메뉴를 만들어 그것을 대중들에게 어필하기까지 상당한 시간과 노력이 든다는 것도 알게 되었다. 그리고 생소한 음식보다는 누구나 알고 있는 음식을 더 맛있게 만드는 것이 시간과 노력이 훨씬 덜 든다는 사실도 깨달았다.

대중성 있는 메뉴면서 특별한 메뉴가 없는지 많은 고민을 하던 차에 마카롱을 처음 접할 기회가 생겼었다. 쫀득한 식감에 입에서 사르르 녹는 그 맛을 아직도 잊지 못하고 있다. 마카롱은 만들기가 굉장히 까다로워 쉽게 만들지 못한다는 사실도 알게 되었다. 그렇다면 경쟁력이 있을 것이라고 믿었고, 앞으로의 전망도 괜찮을 거라 판단했다. 고민은 그리 오래 하지 않았다. 실패는 두렵지 않았다. 마카롱은 프랑스 대표 과자로서 귀족들이 즐기던 고급 디저트이고, 상당한 역사와 전통을 가진 디저트라는 걸 알게 된 후로는 무조건 해야 하는 메뉴였다. 필이 제대로 꽂혔다.

나는 제과제빵이라는 것에 관심도 없었고, 흔하게 있던 동네 제과점도 잘 다니지 않았지만 마카롱을 만들어봐야겠다는 집념 하나로 하루에만 수백 개를 만들었다. 수많은 시행착오를 거치면서 나만의 레시피, 나만의 노하우를 하나씩 쌓아갔다. 그리고 신세계를 경험하기 시작했다. 하늘은 스스로 돕는 자를 돕는다고 했던가, 매일매일이 즐겁고 행복했다. 손재주가 있어 평소에 손뜨개, 캔들, 리폼, 인테리어 등 손으로 만드는 일을 매우 좋아했다. 그런데 마카롱 만드는 것은 그 이상이었다. 여느 DIY보다 더 재미있고 적성에 맞는다는 것을 처음 깨달았다. 이게 천직이고 운명이라는 것을 온몸으로 느꼈다. 하지만 무려 5년 전, 제주도에서의 마카롱과 에클레어 판매. 서울에서도 생소했던 마카롱은 당연히 판매가 잘 되지 않았다. 서울에서는 이제 막 뜨고 있는 디저트인데 맛이 없어서일까? 도대체 뭐가 잘못된 건지 처음엔 알지 못했다. 어떤 제품을 어디서 파느냐와 언제 파느냐가 얼마나 중요한지 매출이 점점 떨어지는 것을 보면서 깨달았다.

가끔 관광객이 찾아와 서울 유명 마카롱 가게보다 맛이 월등히 뛰어나다는 말을 해주었다. "네가 만든 디저트가 최고야."라는 지인들의 말을 듣는 것으로 위로하며 견뎠다. 하지만 내가 만들고 있는 이 디저트들이 시장에서 살아남을 수 있을지 흔들리기 시작했다. 제주도에서 카페를 정리하고 다시 올라간다면 또 무슨 일을 해야 하나 수많은 고민이 이어졌다. 전공자도 아닌 내가 디저트로 성공할 수 있을까? 여기서 정말 포기해야 할까? 하루에도 수십 번 여러 가지 고민에 잠을 이루지 못했다.

어느 날, 카톡 메시지가 왔다. 우리 카페에 프랑스 셰프가 다녀갔다고 한다. 마카롱과 에클레어를 먹어보고는 이 디저트를 도대체 누가 만든 거냐며 놀라서 물었다고 했다. 와이프가 만들었다고 하니 꼭 한 번 만나보고 싶다고. 프랑스 현지에서 먹는 것보다 훨씬 맛있다고 극찬을 하고 갔다는 사실을 전해 들었다. 어느 누구도 알아주는 사람이 없는데, 프랑스 셰프가 인정한 맛이라니 디저트를 포기하지 않고 계속 해야겠다는 각오를 다지게 되었다.

제주에서 큰 실패를 한 터여서 서울 진출은 꿈도 꿀 수 없었다. 당연히 20대의 전유물이었던 디저트는 서울 진출을 해야 하는 상황이었지만, 가지고 있는 자본으로 가능했던 곳이 남양주이다. 남양주 역시, 뻔한 동네 상권이라 생각만큼 매출이 오르지 않았다. 각종 프리마켓과 페어에서 디저트 카페를 알리기 위해 동분서주했지만 디저트에 열광하는 친구들을 볼 때마다 무조건 서울로 진출을 해야 한다는 생각을 지울 수가 없었다. 자금 때문에 서울 진출은 꿈도 못 꾸는 내 상황이 답답하기만 했다.

그러던 어느 날, 생일 기념으로 남편과 함께 서울 구경차 익선동 골목을 방문하게 되었고 이곳저곳을 둘러보다 지금의 익선동 가게 자리를 보게 되었다. 혹시나 해서 부동산에 알아보니 주택이어서 권리금이 없다는 사실을 듣게 되었다. 그런데 보증금과 월세는 현재 자금으로는 불가능한 금액이었다. 집으로 돌아왔지만 익선동 주택이 머릿속에서 떠나질 않았고, 서울로 진출해야겠다는 간절한 마음은 나를 더욱 자극했다. 다시 부동산 사장님에게 사정을 말씀 드리고 조정안을 드렸더니 예상과 다르게 흔쾌히 승낙을 해주었다. 조정을 거친 금액이었지만 그동안의 실패로 나에게는 감당하기 힘든 버거운 금액이었다. 하지만 남양주 가게를 정리한 돈과 이곳저곳에서 대출받은 금액을 모아 전 재산을 걸고 익선동 골목으로 이전하였다.

차례

파트 2 디저트 성공 시대, 제2의 마카롱을 찾아라

파트 3 대박 마카롱 가게 운영의 비밀이 여기에 있다

— **혼자 이루는 것은 없다**

파트 4 마카롱 3천 개 굽는 셰프의 하루

SALTY CARAMEL MACARON

STRAWBERRY TARTE

APPLE MANGO TARTE

DACQUOISE

파트
1

작은 디저트 카페로 11억의 기적을 만들다

CHOCOLATE

LEMON MACARON

기적 만들기, 하나

SOLD OUT의 함정

식당이든 카페든 창업을 했다면 지금 매장에서 최대의 매출을 올릴 수 있는 방법을 생각해야 한다. 매장에 들어온 고객들에게 단돈 1천 원이라도 더 매출을 올려 객단가를 높일 수 있는 방법을 일하는 시간은 물론, 밥 먹는 시간, 출퇴근하는 시간, 심지어 잠자는 시간에도 끊임없이 생각하고 고민해야 한다. 아이디어는 언제, 어디에서 떠오를지 모른다. 수첩과 펜은 항상 주머니에 가지고 다녀야 하고, 그렇게 하지 못한다면 핸드폰 메모장에 수시로 기록해야 한다. 불현듯 생각난 것은 금방 잊힌다. 순식간에 지나가는 찰나의 순간을 잘 잡아내어 매장에 꼭 적용해야 한다. 생각하다 보면 답이 나온다. 그건 운영자가 찾아내야 하는 숙제이다.

테이블 5개로 월 매출 1억 원이 가능할까? 굉장한 비결이 숨어 있을 것만 같다. 혹시, 아무나 따라할 수 없는 아주 어려운 방법이 아닐까? 정말 2,400원짜리 마카롱을 팔아서 연 매출 11억 원이 가능한 것일까? 남들보다 더 많이 만들고, 영업 시간을 늘리고, 영업일을 최대한 늘리면 된다. 2~3일 오픈하는 다른 디저트 카페는 오픈한다 해도 몇 시간 만에 품절 종료 안내를 하고 매장 문을 닫는다. 그런데 매일 SNS에 줄 서 있는 고객들이나 포스 앞에 모여 있는 고객들 사진을 올리며 홍보한다. 매일 줄 서 있는 고객에게 마카롱 판매하기 바쁜데 마카롱 남은 수량을 체크해서 공지할 필요가 있을까? 어차피 공지를 해도 마카롱이 순식간에 판매된다면 공지해도 아무 소용없는 일 아닌가.

그 내면에는 '저희 고객이 없어서 마카롱이 이렇게나 많이 남았어요. 어서들 오셔서 사 가세요. 저 이거 모두 판매하고 빨리 퇴근해야 됩니다.'라는 의미가 아닐까? 결국 SOLD OUT은 장사가 잘 되지 않는다는 뜻일 것이다. 얼마 전, 고객이 많아 보이도록 품절이 되지 않았음에도 품절 공지를 의도적으로 게시한다는 충격적인 이야기를 전해들을 수 있었다.

고객 입장에서 생각해보자. 매일 2~3시간 만에 SOLD OUT되는 가게가 있다면, 100명 모두가 일찍 품절이 되니 '내일은 2시간 전에 가서 기다려서 먹자.'라고 생각할까? 아니면 '어차피 가도 품절이니 가지 말자.'라고 생각할까? 나 같은 사람은 후자로 생각하고 가지 않는다. 언제든 방문해도 디저트가 있는 가게가 아닌 2시간 만에 SOLD OUT되어 고객의 소중한 시간을 허비하게 만드는 가게의 미래가 과연 있기는 할까? SOLD OUT의 희소성은 초반에는 메리트가 있고, 적게 만들어 적게 판다는 전략으로 운영하는 이점이 있다. 그리고 이런 시스템이 언제부터인지 문화로 자리 잡으면서 여러 디저트 카페들이 영업 시간을 짧게 가져가는 방식으로 운영하고 있다.

단골은 가까이에 있다

하지만 결국 동일한 맛과 동일한 비주얼을 가졌다면 언제든지 오픈되어 있는 디저트 카페로 발걸음을 돌리게 될 것이다. 고객은 나를 위해서 기다려주지 않는다. 한두 번은 시간 투자를 하겠지만 그 이상은 힘들 것이다.

달달한 마카롱이 문득 생각나거나 먹고 싶을 때, 맛있는 디저트가 떠오를 때면 항상 오픈되어 있는 디저트 카페로 찾아갈 확률이 높다. 또한 디저트 시장이 확장되면서 뛰어난 맛이 평준화되고 더 뛰어난 디저트 카페들이 속속 등장한다면 결과는 어떨까? 정답은 멀리 있지 않다. 모든 사람이 똑같은 생각을 하고 있다는 것을 버리자. 매일같이 SOLD OUT 공지를 올리면 결국 그 가게도 함께 OUT될 수 있다. 어떤 디저트 카페는 겨울방학이나 여름방학과 함께 장기 휴무에 들어가기도 한다. 길게는 3주씩 폐점하기도 한다. 그렇게 길게 매장을 닫을 수 있다는 이야기 역시, 우리는 한 달간 오픈을 안 해도 장사가 크게 잘 되는 것이 아니기에 '오픈하나 안 하나 똑같아요.'라는 의미로 해석하면 된다. 아무리 사회가 변하고 세대가 바뀌어도 고객이 언제든지 찾아올 수 있도록 가게는 항상 오픈되어 있어야 하고, 제품은 고객들이 문제없이 구매할 수 있게끔 항상 준비되어 있어야 한다. 이것은 단골이 늘어나는 계기와 직결되고 매출 상승과 직결되기 때문이다. 프앙디는 오픈 초기엔 월요일 하루만 정기휴무였고, 몇 개월 후 365일 휴무 없이 운영하는 시스템으로 만들었다.

단순하지만 강력한 영업일 수

보통 디저트 카페의 하루 매출은 어느 정도일까? 하루 매출 200만 원은 올려야 할 것이다. 이건 단순한 계산이 아니라 매일 줄서 있는 가게, 품절공지 올리는 가게의 기준이다. 일주일에 3일 오픈으로 생각한다면 최소 500만 원 정도의 매출을 올린다고 봐야 한다.

매일같이 그렇게 고객들이 줄을 서고, 매일 품절이 된다면 그 정도의 매출은 올려야 한다. 그럼 3주 휴무면 매출이 얼마나 되는가? 최소 1천 5만 원의 매출을 포기하고 장기 여행을 간다? 왜 그래야만 하는 것일까? 럭셔리한 삶을 자랑하기 위해서? 아님 고단한 나의 고생에 대한 보상 때문에? 정말 이런 매출을 올리는 운영자가 모든 걸 감수하고 장기 여행으로 인해 매장을 열지 않는다면 여행 이후에는 많은 고객들이 다른 디저트 카페로 발길을 돌릴 것이다. 만약 이 글에 반문하고 싶은 사람이 있다면 2~3년 후에 '매주 3일 오픈하고 성공한 마카롱 카페'라는 이름으로 책을 출간할지도 모르겠다. 고객들은 SNS의 허와 실에 대해서 잘 이해해야 한다. SNS에서 보이는 모습만 믿어서는 안 된다는 얘기이다.

지인들이 SNS를 통해 핫한 디저트 카페에 대한 이야기를 자주 들려준다. 나는 SNS만으로 장사 잘되는 곳인지 아닌지 단번에 구분할 수 있고, 기본을 제대로 지키는 곳인지 여부를 쉽게 구분할 수도 있다. 그리고 지인들에게 그 디저트 카페의 특징이나 현 상황에 대해 나의 판단을 하나하나 짚어주면 그제야 고개를 끄덕인다. SOLD OUT을 게시하고 장사가 안 되는데 잘되는 것처럼 홍보하는 이유는 다시 한 번 말하지만 '저희 한가해요!'라는 의미다. 이상하지 않은가? 매일 고객들이 줄을 서고 디저트가 없어서 못 판다면, 그 소중한 고객들을 위해서 일주일에 5일, 아니 일주일 내내 열면 안 되는 것인가? 품절이어서 구매하지 못하는 고객들을 위해서 넉넉히 만들어서 판매하면 문제라도 생기는 걸까?

수제 디저트 메뉴가 맛있어서 고객들이 매일 줄을 서서 기다리는데 직원을 써서라도 밤을 새워서라도 만들어야 하지 않을까? 왜 그 좋은 기회를 마다하고 있는지 모르겠다. 인생의 기회는 자주 오지 않는다. 지금 그런 기회를 맞고 있다면 반드시 현재 매장에서 최고의 매출을 올릴 수 있는 방법을 수시로 생각하고 고민해야 한다. 그래야 살아남는 길이고, 성공하는 길이다. 처음에는 누구든 조심스럽다. 하지만 길게 내다보면 해답이 보인다.

언제든지 찾아와도 오픈되어 있는, 언제든지 수많은 디저트가 있기에 다른 곳보다 매출이 높을 수밖에 없는 이치와 원리를 깨닫게 되었다. 작은 차이와 기본에 충실한 요소요소들이 연매출 11억 원이라는 결과물로 나타났다. 단가 낮은 제품으로 고객들의 만족감을 높이고 가성비를 높이는 순간, 몇천 원 되지 않는 돈이 모여 월 매출 1억 원이 넘는 기록을 내 눈으로 직접 경험하게 되었다.

기적 만들기, 둘

SNS 마케팅에 목매지 마라

십수 년 전만 해도 장사나 사업을 시작하면 홈페이지를 만드는 게 필수였고, 또 얼마 동안은 블로그나 카페를 이용하였지만, 최근에는 SNS를 위주로 홍보하고 있다. 프앙디는 SNS 계정 하나로만 운영하며, 다른 홍보는 일절 진행하지 않고 있다. 사실 다른 디저트 카페와는 달리 오픈 초기에 SNS를 거의 하지 않았다. 왜냐하면 입소문만으로 매장을 운영해나가자는 경영방침 아래, 시간이 걸리겠지만 각종 디저트 페어나 지역 행사에 참가하여 잠재 고객을 확보하는 홍보 전략을 세웠다.

보통 규모를 작게 시작하는 디저트 카페의 특성상 창업 이후 마음이 조급하여 SNS에 사력을 다하는 경우가 많다. 하지만 대부분 유동 인구가 많지 않은 동네 상권 규모의 장소에서 시작하는 경우가 많다.

해당 지역 카페나 소규모 활동을 통해서 가까운 지역의 고객에게 인정받는 것이 우선이며, 반드시 그들을 나의 고객으로 만들어야 한다. 요즘은 프리마켓도 매우 다양해져서 여러 판로가 있으니 매장뿐만 아니라 다른 방식으로도 매출을 올릴 수 있도록 움직여야 한다. 혼자 또는 작게 시작한다고 해서, SNS로 알려져야 무조건 성공한다는 오류에 빠져서 SNS 홍보에만 목숨을 걸지 않았으면 한다. 어떤 디저트 카페는 SNS에 상호를 입력하면 6천 개의 게시글이 있어 장사가 아주 잘되는 것처럼 보인다. 하지만 자세히 들여다보면 그곳 사장님이 올린 게시글만 5천 개가 넘는다. 실제로 고객들이 올린 게시글은 1천 개도 되지 않는 것이다. 게시글이 많을수록 장사가 잘 되는 것처럼 보이고, 마치 대박이 난 것처럼 보이기 때문에 쉽게 SNS에 빠지게 되는 것이다.

중요한 것은 그렇게 하다 보면 메뉴 개발이나 로컬 고객과의 소통을 등한시 하게 된다는 점이다. 매일 수십 개의 게시글을 올리고 이웃 신청 등 활발하게 활동해야 하니 얼마나 힘들겠는가. 남들보다 더 과장되고 더 자극적인 게시글은 물론이고, 디저트의 특성상 사진 촬영만 해도 얼마나 많은 손이 가는지 모른다. 초기 프앙디는 SNS 홍보보다 현장에서 직접 뛰고 경험하고 고객의 피드백을 받으며, 하루하루 수천 개의 디저트를 만들며 실력을 쌓아왔다. 나 또한 처음에는 고객이 많지 않아 힘들었지만 어느 정도 시간이 흐르면 많은 분들이 알아줄 것이라고 믿었다. 그리고 현재 1만 6천 명이나 되는 프앙디 인스타그램의 팔로워 수는 SNS 홍보 활동이 아닌 방문 고객들이 만들어 준 케이스다.

백화점 입점도 방송 요청도 거절하다

익선동에서 프앙디를 오픈하고 생각보다 빨리 신세계백화점 본점에서 디저트 카페 입점 제의가 들어왔다. 방송 섭외 전화도 끊이지 않았다. 그러나 단 한 차례도 응하지 않았다. 백화점 입점은 성공이 보장된 일이라 생각되었지만, 당시의 상황은 백화점에 들어갈 만한 입장이 아니었다. 믿고 맡길 직원도 없었고, 내가 없으면 디저트 하나 제대로 나오지 않았던 시기였다. 오히려 백화점 입점을 추진한다면 프앙디라는 브랜드의 안전은 보장되지 않았을 것이다. 언제든지 준비되었을 때 다시 기회가 찾아올 거라고 믿었다. 여러 방송 및 섭외 요청도 모두 거절하니 직원이 말했다. "셰프님, 저희는 광고도 하지 않고 왜 방송에 나가지 않습니까?"

"천천히 오래가는 디저트 카페가 되고 싶다. 대박 가게도 아니고 일순간에 유명세를 떨쳐서 내가 가진 능력 이상의 고객은 받고 싶지 않다. 입소문으로 천천히 준비하고 차근차근 브랜드의 가치를 높이고 싶다."

그런 일들이 있고 1년이 흐른 후 셰프님의 선택이 옳았다고 말하는 직원이 있었다. 그때 백화점 입점이나 방송에 출연하여 고객들이 많아졌어도 준비되지 않은 상태에서 많은 고객을 감당하기 힘들었을 것이며, 이미지만 안 좋아져서 지금의 프앙디는 없었을 것이라고 말했다. 연예인이 추천하는 맛집 등 각종 방송에 출연하였지만 금세 시간이 흘러 고객의 머릿속에서 지워지는 그런 디저트 카페로 만들고 싶지 않다. 조용히 오래, 길게 가고 싶다. 한순간에 많은 돈을 벌어서 치고 빠지는 한탕주의에 물들기 싫었다. 이 직업이 천직이고 운명이라 믿으며, 오랜 시간 정성을 들인다면 언젠가는 더 많은 고객들이 반드시 알아줄 것이라고 확신한다. 그래서 방송도 어떤 매체의 섭외 요청도 모두 거절했던 것이다. 얼마 전엔 '서민갑부'에서 섭외 요청이 들어왔다. 점장, 매니저 모두에게 어떤 방송 출연도 하지 않을 것이니 전달하지 말라는 얘기를 해두었는데, 매니저가 이번 건은 꼭 해야 할 것 같아 연락처와 이름을 전달한 적이 있었다. "셰프님 이 방송에는 출연해야 하지 않을까요?" "난 서민갑부가 아니다. 지금까지 번 돈을 모두 대량 생산을 위해 기계에 투자했고, 큰 재산도 없으며 누구에게 자랑할 만큼 특별한 사람도 아니다. 그래서 역시 하지 않겠다."고 얘기했더니 이해하지 못하는 눈치였다.

그렇게 유명세를 떨쳐서
남의 입에 오르락내리락 해봐야 얻는 것보다
잃는 게 더 많을 거라고 생각했다.
품질에 자신이 있고 제품에 자신이 있으면
왜 방송의 힘을 빌리겠는가! 천천히 고객이 늘면서
언제든지 준비된 사람이라면 어떤 것도
해낼 자신이 있다. 하지만 일순간 예상하지 못한
고객은 감당하기 어렵다. 감당하지 못할 제품을
만들어낸다면 제품엔 반드시 이상이 생기고
맛이 예전 같지 않을 것이다.
음식은 그렇게 뚝딱 만들어지는 것도 아니고 대충해서도 안 된다.

프앙디가 잘 준비되어 있다면
백화점 입점 제안도 언제든지 받아들일 수 있고,
2호점이든 3호점이든 멋지게 진행할 수 있을 거라고 믿는다.
입소문으로 장사가 잘되는 건 장기전이다.
그래야 최상의 맛도 낼 수 있고,
최고의 서비스로 고객들과 만날 수 있다.
천천히 체계적으로 준비하고 미래를 준비한다면
언제든지 기회는 또 주어진다. 서두를 필요가 없다.
출발선에 선 마라톤 선수처럼 준비만 철저하게 하고 있으면 된다.
언제든지 달릴 준비만 되어 있다면
더 큰 성공은 시간의 문제일 것이다.

기적 만들기, 셋

실패하는 상호

첫 디저트 카페의 실패 요인 중 하나라고 생각하는 상호에서 나름 부르기 쉽게 누구나 아는 'Y-PIE'라고 정했다. 판매하고 있는 메뉴에서 의미를 찾아 '찹쌀파이(노르스름하게 맛있게 구워진 파이) 옐로우파이'라는 깊은 뜻이 있었다. 그런데 '와이파이=무선 인터넷'이라는 강력한 연관성이 있었고, 이는 곧 친환경 카페와는 거리가 멀어 상호를 알리는 데 실패할 수밖에 없었다. 상호를 지을 때 가게에 맞는 컨셉으로 다들 짓지만 고객들을 생각하게 만드는 상호는 인식 실패라는 결과를 초래한다.

두 번째 디저트 카페 창업 후 상호를 정할 때 역시, 나름 고심했다. 프랑스 디저트는 누구나 쉽게 접할 수 있는 메뉴가 아니기에 이름이 좀 특별했음 했다.

'프앙디의 의미는 France Ange Dessert(프랑스 고귀한 디저트)'의 줄임말이다.

수십 가지 프랑스어를 수첩에 적어가면서 몇 주간을 고민한 끝에 '프랑스 고귀한 디저트(France Ange Dessert)=프앙디'라는 상호를 생각할 수 있었다. 모든 상호가 그렇듯 고객들에게 자리를 잡을 때까지 시간이 걸린다. 그리고 그 사이 많은 이야기가 오고 간다. "무슨 뜻이에요?" "어떤 특별한 의미가 있어요?" "상호가 너무 괜찮아요!" 등 고객들의 평이 지속적으로 이어진다. 디저트가 우리 문화가 아니어서 그런지 가보고 싶은 나라의 로망 '프'와 귀엽고 깜찍하다는 '앙'에 대한 피드백이 제법 좋았다. 결과론적으로 프앙디는 성공작이다.

매장 내부인
마당에 걸린
프앙디 간판

한옥의
아름다움과
잘 어울리는
또 다른 느낌의
프앙디 명패

특별한 애칭

상호만으로 고객에게 어필하기에는 부족한 느낌이 들어 재미있는 애칭이 없을까 하고 몇 날을 고민하게 되었다. 어느 날, 디저트 페어나 큰 행사에 가면 재미있는 문구가 눈길을 사로잡았던 기억이 순간 떠올랐다.

'맛있으면 0칼로리' '넌 지금 당이 땡긴다'
'맛있는 건 살 안 찐다' '다이어트는 내일부터'

칼로리가 높은 디저트를 먹고 있지만 '맛있으면 0칼로리'의 경우는 나름 고객을 위로하는 문구로 재미와 흥미를 유발시키기에 충분했다. 다양한 행사에 참여한 경험을 바탕으로 아이디어가 떠올랐다. 불과 십수 년 전까지만 해도 가난에 끼니를 거르는 일이 많았기에 '밥은 먹었니?'라는 물음이 인사가 되는 때가 있었지만, 지금은 밥 대신 디저트를 즐기는 사람이 많다는 것에 착안하여 '디저트는 먹고 댕기니?'라는 인사를 프앙디의 애칭으로 쓰기로 결정했다. 고객의 시선을 강탈하기 위해서 알록달록한 네온으로 제작하여 매장의 두 곳 메인 홀과 서브 홀에 설치하였다. 고객들의 반응을 살펴보면 매장에 들어오자마자 네온으로 걸린 '디저트는 먹고 댕기니?' 애칭을 저마다 찍어서 SNS에 올리는 풍경이 오늘도 계속되고 있다. '밥은 먹었니?'가 아니라 '디저트는 먹고 댕기니?'라고 누군가 물어주니 고객에게 재미와 흥미를 유발시키는 프앙디만의 특별한 애칭이 되었다.

고민 끝에 탄생한 독특한 형태의 슬로건인 디저트 안부 멘트가 고객들에게 잊히지 않는 문구로 지금도 현재 진행형이다. 고객의 머릿속에 절대 사라지지 않는 상호에 버금가는 애칭이 존재하고 있다면 절반은 성공한 셈이다. 디저트하면 프앙디가 생각날 것이고, 프앙디하면 디저트가 생각나는 '프앙디만의 특별함'일 것이다.

나만의 포장

마카롱은 프랑스 귀족들과 왕이 즐겨먹던 고급 과자이다. 프리미엄 디저트를 비닐에 아무렇게나 포장해주는 방식을 쓰거나 기성 케이스를 쓰던 다른 디저트 카페와 달리 프앙디는 초기부터 박스를 제작하는 초강수를 썼다. 참고로 박스를 제작하려면 기본 수량이 있기 때문에 한 번 의뢰 때마다 200만 원이 넘는 제작 비용이 발생한다. 제품이 잘 팔리지 않는다면 박스 재고를 떠안게 되는 위험 부담이 있다. 하지만 기성 케이스는 평균 크기에 맞춰 제작되었기 때문에 규격의 문제도 있었고, 결정적으로 나만의 개성을 살릴 수 없는 디자인이 영 아니어서 프앙디만의 포장 케이스는 필수 조건이었다.

'아무리 비싸고 좋은 음식을 만들어도 싸구려 그릇에 담으면 싸구려 음식이 된다.'

우리가 만든 제품을 고객들이 가장 먼저 마주하는 것은 포장이다. 자본이 절대적으로 부족해도 대충해서는 절대 안 되는 것이 포장이다. 기성 케이스는 어디서나 파는 똑같은 제품으로 인식되기 쉽다. 두 곳의 가게가 있다고 가정해보자. 똑같은 쿠키를 납품받아오는데, 한 곳은 기성 케이스를 쓰고 한 곳은 예쁜 디자인의 색다른 케이스에 담아준다면 고객은 어디를 더 오래 기억하겠는가. 원리는 단순하다. 고객의 입장에서 생각해보면 모든 해답이 나온다. 다른 디저트 카페와 차별화하고 싶다면 포장 케이스는 매장의 상호가 박힌 자신만의 케이스를 제작해야 한다.

아무리 작은 가게라도 반드시 그렇게 해야 한다. 1년만 하고 끝낼 가게가 아니다. 우리는 최소 3~5년 이상 운영할 계획으로 시작했다. 어느 정도 잘되면 케이스를 맞춘다는 생각은 하지 않았으면 한다. 고객은 그때까지 기다려주지 않는다. 프랑스 왕족이 먹던 고급 디저트를 아무런 박스 없이 비닐로 포장해주는 건 고객은 물론 마카롱에 대한 예의가 아니다. 만들기도 힘들지만 제품 완성 이후 판매할 때까지 엄청나게 신경을 써야 하는 제품인데, 동네 구멍가게에서 산 느낌의 포장은 제품의 신뢰도에도 영향을 미친다. 초기 자본금이 부족했던 프앙디도 정성을 다해 만든 제품을 개성 없이 아무렇게나 포장하는 건 있을 수 없는 일이라고 생각했다. 고급 디저트를 더욱 고급스럽게 만드는 건 포장이다. 귀한 손님이 오면 귀하게 대접하듯이, 디저트를 선택하는 손님이 귀한 디저트를 사간다는 느낌을 받아야 다른 디저트 카페와 차별화된다.

그 결과 빼빼로데이, 화이트데이, 발렌타인데이, 크리스마스 등 각종 특별한 행사가 있을 때 프앙디 디저트를 사려는 고객들로 넘쳐나는 걸 보면 내가 생각한 대로 고객도 같은 생각을 하고 있는 것이다. 제품의 포장은 마지막 완성이다. 예쁜 포장 박스와 '디저트는 먹고 댕기니?' 애칭을 봉투에 인쇄해 자연스럽게 노출함으로써 프앙디의 브랜드를 고객에게 최대한 알리는 것이다. 사진만 보아도 프앙디 디저트라는 것을 손쉽게 알 수 있도록 유도하기 위한 가장 기본적인 마케팅 홍보 전략이다. 그리고 이런 우리의 광고는 고객들의 SNS를 통해 계속 확산되고 있다.

처음부터 특별한 포장 케이스에 담아서 우리 가게를 홍보하자. 우리가 작은 것 하나하나에 온힘을 쏟는다면 고객은 반드시 매출로 답해줄 것이다.

"

얼마 전 〈윤식당〉이라는 프로그램을 시청하면서
눈 여겨 본 것이 있다.
연예인들이 해외에 레스토랑을 오픈하여
현지인에게 한국식 음식을 제공하는 프로그램이었다.

이 프로그램을 보면서 크게 느꼈던 점은
한국에서는 길거리에서나 먹는 호떡을 접시에 플레이팅하니
레스토랑에 어울리는 근사한 디저트로 탄생되는 것을 보면서
놀라지 않을 수가 없었다.

"

기적 만들기, 넷

익선동과의 운명적 만남

남양주에서의 두 번째 실패 이후, 매장 이전을 결정하고 나서 깊이 생각해보았다. 즉, 그 동안의 실패 원인을 찾아본 것이다. 천편일률적인 똑같은 상가였기 때문에 개성이 전혀 묻어나지 않아서 실패한 것이라고 분석했다. 그리고 지금까지 해왔던 똑같은 상가로는 성공하기 힘들다고 판단했다. 이태원의 경리단길이 핫플레이스로 떠오르면서 망리단길, 연리단길, 송리단길의 서울뿐 아니라 부산 해리단길, 경주 황리단길, 광주 동리단길, 전주 객리단길 등 전국적으로 '○○리단길'이라는 명칭이 붙은 20여 개의 상권이 우후죽순 생기게 되었다. 비슷한 카페와 가게, 공방들이 생기면 유행에 따라 이름이 붙여져서 본연의 개성이 없어지고 있는 게 현실이다. 이제는 매장의 개성이 필요하고 특색이 필요하다. 나 역시 특색 있는 공간과 장소가 절실했다.

우연히 서울 종로의 익선동을 처음 방문했을 때, 살면서 단 한 번도 느껴본 적 없는 감정이 솟아올랐고, 마치 사막에서 오아시스를 찾은 기분이었다. 지금이야 종로 익선동 하면 핫플레이스지만 3년 전만 해도 뜨문뜨문 개성 있는 카페와 숍 한두 개가 고작인, 서울의 어느 골목처럼 그런저런 곳임에도 나는 이상하게 그 골목의 미래가 희망차 보였다. 지금까지 보던 상가와는 확연히 다른 느낌을 받았다. 인생을 살면서 세 번의 기회가 찾아온다고 한다. 나에게 세 번의 기회가 왔었는지 앞으로 올 것인지는 확실히 알 수 없으나, 처음 익선동이라는 동네를 발견한 순간, 그 기회 중 한 번이라는 건 운명적으로 알 수 있었다.

여러 곳을 둘러보다가 마음에 드는 지금의 프앙디 자리를 보게되었다. 다행히 가정집이었기 때문에 권리금도 없었고, 식당이 아닌 디저트 카페라는 메리트로 월세도 조정할 수 있었다. 서울 한복판에, 그것도 종로에 권리금 없는 가게라니, 그것이 나의 기회였고 놓칠 수 없는 운명적인 장소였다.

그대로 살린 한옥의 특별함

작은 한옥들이 모여 있는 이곳 익선동은 똑같은 공간이 아닌 분명히 차별화된 공간이었다. 한옥의 전통미와 현대미가 적절하게 어우러져 있고, 한옥의 크기나 구조도 제각각 다르기 때문에 그곳만의 고유한 개성과 컨셉으로 다른 골목보다 고객들에게 좋은 인식을 심어줄 수 있을 것 같았다. 처음 익선동을 찾았을 때 받은 느낌 그대로 사람들에게도 전달된 것일까? 익선동 이전 후 불과 1년 만에 거의 모든 한옥이 상가로 탈바꿈하기 시작했고, 하루하루가 다르게 유동 인구가 늘어나는 모습을 직접 지켜보게 되었다. 익선동만의 특별한 아기자기함과 특색으로 고객의 눈과 마음을 사로잡았고, 감성을 건드리는 고유한 향기로 프앙디는 그렇게 그곳에서 핫플레이스가 되었다.

요즘 이른바 신상 디저트 카페들은 인테리어도 특별하다. 어쩜 그렇게 아이디어도 좋은지 참신한 인테리어로 고객의 정서를 자극한다. 요즘 인스타그램에 올라오는 핫한 디저트 카페들을 보면 컨셉과 개성이 뚜렷하다. 거기 또 하나 추가한다면 감성도 자극한다. 두 번의 실패로 터득한 것이 있었다. 특별한 것이 아니면 절대 살아남을 수 없다는 것을 뼈저리게 느끼게 되었다. 익선동이 다른 곳과 차별화되는 핵심은 한옥이라는 특별한 장점 덕분이었다. 익선동을 방문하고 컬처 쇼크를 받은 곳은 있다. '거북이슈퍼'라는 동네 컨셉의 슈퍼인데 허물다 만 벽체를 보고 큰 충격을 받았다. 일반 상가에서는 절대로 있을 수 없는 일이 익선동에서는 가능했다.

한옥은 별다른 인테리어를 하지 않아도 매장이 돋보이는 놀라운 효과를 볼 수 있었다. 익선동 가게 계약시 인테리어 비용도 감당하기 힘든 형편이어서 자의반 타의반으로 인테리어를 거의 하지 않은 것이 지금 와서 생각하면 프앙디의 독특한 인테리어가 되었다. 그 비용이 2천만 원이 채 되지 않은 금액이었고, DIY를 좋아하는 나의 취향대로 셀프 인테리어(196~199쪽 참고)로 진행한 것들이 거의 대부분이었다.

마당에 담을 모두 허물지 않고 2/3를 남겼고, 서까래를 샌딩하지 않고 있는 그대로 두었다. 보통 카페나 가게들은 마당까지 모두 쓰기 위해서 지붕을 덮는 게 일반적이었지만, 프앙디는 마당 역시 그대로 놔둔 덕에 도심에서는 보기 힘든 작은 정원을 만들 수 있었다. 지금 그곳은 고객들이 만들어준 최고의 명당자리가 되었고, 작은 정원에선 5월이면 장미, 가을이면 낭만의 정취를 가져다 주어 익선동에서 가장 눈에 띄는 특별한 장소가 되었다.

마당에서 바라본 하늘

허문 벽을
그대로 둔
마당

66

이전하고 1년 정도 지나자 익선동이 각종 매체에 소개되면서
핫플레이스로 떠오르기 시작했다.
그러면서 우후죽순 이름도 비슷, 인테리어도 비슷,
의자도 테이블도 비슷비슷한 여러 카페나 가게들이 들어섰다.

그런데 익선동 유일의 장미꽃이 핀
도심의 작은 정원이 있으며, 참새와도 특별한 만남
(정원이 외부이다 보니 고객들이 떨어뜨린 디저트 조각을
먹으려고 단골 참새들이 날아든다.)을 가질 수 있는
특색을 갖추고 있다 보니 고객들에게 확실한 프앙디만의
색깔과 개성을 심어주었다.

99

두 번의 실패를 겪고 나서, 수없이 지어지는 똑같은 상가에서는 성공하기 힘들다고 생각했다. 천편일률적인 네모 반듯한 상가에서는 아무리 인테리어를 해도 거기서 거기다. 큰 변화가 없음을 깨달았기에 특별한 공간을 원했고, 익선동의 한옥집을 만나게 된 것이다. 큰 비용을 들이지 않고서 인테리어를 마칠 수 있었고, 서울 시내 한복판에 권리금 없는 가게를 얻게 되는 행운을 얻었다.

돌이켜보면, 지금의 시선으로 익선동을 보면 유동인구도 많고, 누구나 멋진 컨셉이라고 생각하겠지만 처음 계약 당시에는 나의 그런 개성과 독특함을 추구하지 않았다면 절대로 선택할 수 없는 곳이었다. 왜냐하면 지금과는 너무 다른 골목 분위기와 다른 한편으로는 나 또한 '괜찮은 장소인가? 잘될 수 있을까?'라는 의문이 없었다면 거짓말일 것이다. 예비 창업자 여러분께 들려주고 싶은 말은 익선동처럼이 아니라 정말 개성과 독특함을 살린 곳을 찾아서 시작해야 한다는 것이다. 최근 다른 여러 동네도 탐방해보았는데 개성이 강한 지역이 여전히 많아 기회를 살릴 수 있는 곳들이 여럿 보였다. 권리금 없는 지역도 있고 상권이 막 시작되는 지역도 있었다. 서울이라고 해서 무조건 월세가 비싸고, 비싼 권리금이 있을 거라는 생각을 버리자. 처음엔 나도 그런 고정관념으로 서울 진출을 두려워했고, 마음만 있었지 아예 시도조차 하지 않았던 시간이 있었다. '정말 한번 알아나 볼까.'라는 심정으로 발품을 팔고 찾은 곳이 익선동이었다.

아직도 기회는 많다. 그곳을 먼저 알아내고 인내를 가지고 노력하다 보면 반드시 당신에게도 그 기회를 잡을 날이 올 것이라고 믿는다. '상권은 내가 만든다!' 지금은 이런 마인드로 살아가고 있다. 상권이 형성되지 않았다면 내가 초기 멤버가 되어서 그 상권을 살리면 된다. '내가 가는 곳이 곧 상권이다. 내가 있는 매장이 상권이다.'라는 말을 기억하자.

기적 만들기, 다섯

오픈 주방

5년 전 디저트를 시작할 때 보편적으로 디저트를 먹을 수 있는 곳은 프랜차이즈 전문점 이외에는 그리 많지 않았다. 이런 대형 프랜차이즈는 생지로 공급되어 굽기만 하거나 시트지만 본사에서 받아와 아이싱만 하는 식의 시스템이었고, 매장의 주방은 뒤쪽에 위치하거나 보이지 않는 커튼이나 블라인드로 가려져 있었다. 하지만 개인이 운영하는 디저트 카페는 직접 만든 제품의 디저트를 제공할 수 있다는 장점과 오픈 주방 등 인테리어 제약이 없다. 따라서 참신한 아이디어만 있다면 언제든지 다양한 제품을 만들고 판매할 수 있다는 장점이 있다. 그래서 생각한 것이 두 가지이다. 첫 번째로 모든 디저트를 매장 내에서 생산하는 시스템으로 구축하는 것이었다.

왜냐하면 고객들이 믿고 먹을 수 있는 먹거리를 만드는 것이 목표였기 때문이다. 개인이 운영하는 소규모라 할지라도 잘나가는 프랜차이즈 매장과 맞먹을 정도로 성장하게 되면 모든 디저트를 직접 생산하지 않는다. 하지만 프앙디는 지금까지도 모든 디저트를 매장 내에서 직접 수제로 생산하고 있다. 두 번째는 주방을 오픈하여 고객의 신뢰를 구축하는 것이었다. 마카롱이 만들어지는 과정, 타르트를 만드는 셰프의 모습, 하나하나 변화되어 만들어지는 초콜릿의 모양 등을 고객들이 신뢰하고 볼 수 있는 오픈 주방은 프앙디의 색깔이 되고 특색이 될 수 있었다. 고객의 믿음은 곧 매출 향상으로 이어진다. 실제로 오픈 주방에서 마카롱을 만들고 있으면 마카롱 매출이 늘고, 자몽 타르트를 만들고 있으면 그 시간엔 자몽 타르트 매출이 쑥쑥 올라가고, 딸기 타르트를 생산하고 있으면 딸기 타르트 매출이 향상되는 것을 보면서 오픈 주방이 메뉴판이 되는 신기한 일들이 계속 일어났다. 오픈 주방은 프앙디만의 독특함이고 확실한 마케팅이 되었다.

프앙디의 최종 목표는 디저트 공장 형태의 전문점이다. 디저트를 맛보면서 초대형 통유리 밖에서 마카롱이나 타르트가 하나하나 만들어지는 과정을 보여주고 싶다. 마치 《찰리와 초콜릿 공장》처럼 디저트 공장을 견학하는 즐거움을 선사하고, 프앙디가 디저트 문화를 선도하는 것이다. 더 나아가서 프앙디에서 누구나 무료로 디저트를 배울 수 있도록 클래스도 운영할 계획이다. 이처럼 고객은 보고, 즐기고, 배우는 과정을 통해 제품에 대한 큰 믿음을 얻을 수 있기 때문이다.

> 좁디좁은 공간에서 불과 싸우고,
> 오븐과 싸우고 열악한 환경에서 많은 사람이 근무한다.
> 최소한 일하는 사람이 행복해야 좋은 음식이 나오고,
> 최고의 디저트가 생산된다. 오픈 주방은 그런 점에서
> 직원들에게 오아시스 같은 존재이다.
> 고객에게 신뢰를 주고 일하는 사람이 행복해지는
> 1석2조의 공간이다.

청결 그리고 복장

마카롱 전문점 또는 디저트 카페라고 해서 모두 오픈 주방을 선택하는 건 아니다. 오픈 주방을 선택하는 가게는 그리 많지 않다. 오픈 주방은 항상 청결해야 하고, 작업하면서 동시에 정리정돈이 이루어져야 하며, 직원들의 복장 상태도 신경을 써야 한다. 조리복이 지저분하거나 청결하지 못하면 고객에게 신뢰를 얻을 수 없다. 복장은 항상 정갈하고 깔끔하게 갖추어야 한다. 프앙디의 주방은 흰색 셰프복, 앞치마, 흰색 베레모, 머리는 깔끔하게 머리망으로 마무리하도록 한다. 이 복장이 아니면 주방에 들어올 수가 없다. 규율은 매우 엄격하다. 운영자라고 해서 예외는 없다. 고객이 있든 없든 혼자 일해도 언제나 규정 복장을 착용해야 한다.

한번은 이런 일이 있었다. 입사한 지 2~3개월 된 경력 직원이 본인 휴무일에 마카롱 꼬끄를 테스트하겠다고 출근한 적이 있었다. 휴무일에 직장에 나와서 제품을 생산하면서 실력을 쌓겠다는 기특함에 그 직원을 다시 보게 되었다. 열정 있는 친구라 생각해서 속으로 듬직하게 생각했지만, 일하는 모습을 보고 크게 실망했다. 왜냐하면 혼자 일한다는 이유로 평소에 착용하던 셰프복, 앞치마, 모자, 머리망 등 어느 것도 착용하지 않고 사복, 그것도 원피스를 입고 마카롱 꼬끄를 만드는 모습에 경악했다. 기본 복장은 무조건 주방에 들어오면 착용해야 하는 것이다. 혼자 있건 여럿이 있건 고객이 보든 안 보든 항상 착용해야 한다. 나 역시도 아무리 주방에서 혼자 짧게 일해도 제대로 된 복장을 갖추지 않고 일을 한 적이 없다.

휴무일에 매장에 나와서 마카롱 _꼬끄_를 만들겠다고 생각한 것
은 기특하나, 기본에 충실하지 않고 만든 제품은 디저트로 판매
될 수 없다. 쉬는 날까지 나와서 _꼬끄_를 만들었지만 그 제품을 판
매하지 않았다. 근무시간에 일어난 일이라면 지적했겠지만 휴무
일에 일어난 일이라 그 일에 대해서는 말하지 않았다. 아마 본인
은 아직도 모르고 있을 것이다. 결국 그 직원은 오래 일하지 못하
고 퇴사했다. 기본이 안 된 친구들은 프앙디에서 오래 일하지 못
한다. 어느 매장보다 체계가 잘 잡혀 있기 때문에 결국 오래 버
티지 못하고 퇴사할 수밖에 없다. 복장은 누구에게 보여주기 위
해서 착용하는 게 아니다. 제품을 생산하는 데 위생과 복장은 기
본 중의 기본이다.

보통의 디저트 카페는 어떠한가? 굳이 하나하나 설명하지 않겠다. 위생모를 갖추고 있는가? 조리복을 잘 착용하였는가? 조리화는 신었는가? 머리는 풀어 헤치지 않았는가? 이 철칙은 직원이 많아져서 생긴 것이 절대 아니다. 디저트 카페를 창업하면서부터 결심한 나와의 약속이다. 혼자라면 사실 초심을 잃기 쉽다. '고객도 없고 혼자 일하는데 복장이 무슨 상관이야.'라고 생각하는 순간 매장의 매출이 답을 줄 것이다. 혼자일수록 더 기본을 지켜야 하고 직원이 많아지면 많아질수록 그 기본을 지키기가 더 어렵지만 철저히 지켜야 한다. 처음부터 제대로 된 복장과 마음가짐으로 일해야 성공할 수 있다.

얼마 전, 대량 생산 마카롱이라는 유튜브를 검색하게 되었는데 대량 생산에 대해서 동영상을 올려놓은 분들이 많아서 유심히 보게 되었다. 그런데 영상들을 보고 또 한 번 충격을 받았다. 주방에서 일한다는 분들이 조리복, 앞치마, 머리망, 위생장갑 등 어느 것도 착용하지 않고 마카롱을 만드는 모습을 보고 놀랐던 일이 있다. 누가 보든 보지 않든 오픈 주방이든 아니든 직업 의식을 가지고 철저하게 점검해야 한다.

프앙디가 잘 되는 이유 중 하나는 오픈 주방에서 모든 직원이 깔끔하게 정해진 복장을 입고, 모든 디저트가 생산되는 모습을 눈으로 직접 확인할 수 있기 때문이다. 고객은 신뢰와 정직을 믿는다. 정직하게 쌓은 신뢰는 절대로 쉽게 무너지지 않는다. 하루 수백 명의 고객들과 신뢰를 쌓았고, 그렇게 쌓은 신뢰들이 모여서 지금의 디저트 카페를 만들었다. 고객이 없다면 우리는 존재할 수 없다. 오래 경영하고 운영하는 것은 곧, 고객과의 신뢰를 깨지 않고 있다는 의미이기도 하다.

기적 만들기, 여섯

마카롱의 핵심은 필링이 아니다

마카롱을 시식해보면 *꼬끄*가 엉망인 곳이 많다. 어떤 가게는 딱
딱한 *꼬끄*, 어떤 가게는 눅눅한 *꼬끄*, 어떤 가게는 바스러지는 꼬
끄, 쫀득하다 못해 심지어 질척거리는 *꼬끄*까지 디저트 카페마
다 다양하게도 맛이 없다. 왜냐하면 마카롱 크림에 집중한 나머
지 *꼬끄* 제작에 등한시하기 때문이다. 마카롱 *꼬끄*는 한입 베어
물었을 때 겉이 부서져야 하고, 속은 적당히 부드럽고 쫀득한 식
감으로 만들어내는 데에는 상당한 노하우가 필요하며 이것이 마
카롱의 핵심이다. 마카롱의 *꼬끄* 주재료는 아몬드 가루와 슈거
파우더, 머랭이다.

머랭에도 이탈리안 머랭, 프렌치 머랭, 스위스 머랭이 있다. 따라서 어떤 머랭을 선택했는지, 그 머랭의 전분 함량이 몇 프로인 슈거파우더를 썼는지, 어떤 제조사인지에 따라 결과물이 상당히 달라지기 때문에 상당한 노하우가 필요하다. 아몬드 가루는 어떠한가. 아몬드 가루의 입자에 따라 현재 10여 가지가 넘는 제품이 판매 중이며, 아몬드 가루 입자가 어느 정도의 양이냐에 따라 아몬드 가루를 좌지우지하기에 꼬끄의 형태는 수백 가지로 나타날 수 있다. 사실 똑같은 제조사의 아몬드 가루를 쓴다고 해도 원재료인 아몬드의 상태에 따라서 아몬드 가루의 입자가 바뀔 수 있어 제조사가 같아도 상황에 따라서 똑같을 순 없다는 것이다. 이처럼 아몬드 가루 하나만으로도 이전과 똑같은 꼬끄의 상태를 생산하기가 쉽지 않다. 또한 꼬끄를 말리는 시간과 굽는 온도, 숙성 시간에 따라서도 수천 가지의 변수가 발생한다. 하지만 이 모든 걸 테스트하고 꼬끄 생산에 집중하는 마카롱 카페가 얼마나 있을까 묻고 싶다. 똑같은 마카롱을 생산하더라도 재료 하나가 얼마나 중요한 요소인지를 명확히 이해하고 있어야 하며, 쫀득한 꼬끄를 만들기 위해서 수많은 테스트를 해보았는지 의심스럽다. 이처럼 마카롱은 크림이 생명이 아니라 꼬끄가 생명이란 점을 명심하자.

수년간 매일 수천 개의 마카롱을 만들고 있지만 꼬끄를 항상 일정한 맛으로 유지하는 것도 상당히 어려운 일이다. 이런 어려운 상황에서도 거의 비슷한 꼬끄 상태를 유지하면서 생산해내는 게 1차 목표이고, 꼬끄를 완벽한 상태로 생산해낼 수 있을 때 필링을 개발하는 게 순서이다.

주위를 보면 쫀득한 _꼬끄_를 만들어내는 노하우도 없으면서 자극적인 필링 개발에만 온 힘을 쏟는 가게들을 수없이 보았다. 쫀득한 _꼬끄_와 어울리는 필링을 기본으로 삼는다면 현재 마카롱 시장에서 주목받는 마카롱 가게가 될 수 있을 것이다. 이제 일의 순서를 잘 기억하고 무엇부터 먼저 힘을 쏟아야 할지 결정할 때다.

파티시에의 임무와 책임

몇 년 전 마카롱을 판매하면서 '고객이 직접 숙성시켜 드세요!'라는 안내 문구를 내건 가게가 있었다. 당일 생산한 제품이니 집에 가서 2~3일 후에 드셔보고, 숙성되지 않았다면 며칠 후에 드시라는 황당한 안내 문구였다. 똑같은 레시피를 썼다고 해도 예민한 _꼬끄_는 오븐의 온도가 약간만 달라도 딱딱하게 나오는 경우도 있다. 평소보다 조금 딱딱한 마카롱은 절대로 다음날 판매할 수 없고, 며칠간의 숙성 시간을 거쳐야 먹을 수 있다.

고객들은 디저트의 특성을 모르고 구매한다. 그동안 제대로 된 디저트 문화가 없었기 때문에 당일 생산하면 무조건 신선하고 좋은 제품으로 생각하는 게 일반적인 고객의 생각이다. 그것을 이용하여 '당일 생산 제품이니 숙성해서 드시라!'는 문구를 당당히 내건 곳이 있다니 이건 생산자의 잘못이라고 생각한다. 고객에게 먹는 법과 보관법까지 제대로 알려 마카롱에 대해서 이해시켰어야 하는데, 당일 생산 제품에 열광하는 고객들의 심리를 이용하여 숙성되지 않은 마카롱을 판매한 것이다.

나는 수년 동안 마카롱을 다음날 판매할 수 있는 제품인지 반드시 시식을 한 후에 판매를 한다. 혹시 고객들로부터 딱딱하다는 컴플레인이 들어오면 바로 그 제품은 판매를 중단하고, 고객에게 죄송하다는 사과와 함께 마카롱을 교환해주고 숙성이 완료되면 다시 판매를 하였다. 똑같은 재료와 똑같은 조건에 마카롱을 만들었어도 그날 그날 마카롱의 *꼬끄* 상태는 다르다. 예민한 마카롱을 매일 체크하여 반드시 숙성된 마카롱만을 판매해야 하며, 이것은 고객에게 제대로 된 디저트를 판매해야 하는 파티시에의 임무이자 책임이다.

이젠 구워 나온 마카롱 *꼬끄*만 봐도 하루 숙성으로 판매가 가능한 제품인지 2~3일 숙성이 필요한지 일주일은 있어야 하는지 한눈에 알아볼 수 있다. *꼬끄* 상태를 딱 보면 알 수 있는 정도의 경지에 이르지 않고서 성공을 바란다는 것은 요행이다.

기적 만들기, 일곱

생산자 위주의 생각

디저트를 정성스럽게 만들었다면 어떻게 판매하고, 어떻게 해야 최대 매출을 올릴 수 있는지 고민해야 한다. 초기엔 마카롱을 구매하던 소비층이 20~30대였다. 주요 소비층이 학생이나 사회 초년생이다 보니 세트 구성에 대한 고민을 안 할 수가 없었다. 초기의 마카롱 구성은 6구와 10구 세트였다. 10구는 케이스를 제작하여 포장하였고, 6구는 투명한 기성품에 마카롱을 포장하던 때였다. 10구 포장 세트는 소비자들이 선택할 수 있었고, 6구 포장 세트는 랜덤으로 이미 포장이 완료되어 소비자들이 마카롱을 선택할 수 없었다. 당시에는 20가지의 마카롱을 판매하고 있었기 때문에 10구, 20구가 가짓수로 의미가 있어 세트 포장으로서 선택하기에 좋은 더 매력적인 상품이라고 판단했다.

마카롱 6구 포장 세트

마카롱 10구 포장 세트

그러나 이것은 철저히 생산자, 즉 판매자 위주의 생각이었고, 완전히 다른 결과를 보였다. 마카롱을 고를 수 있는 10구 포장 세트보다 고를 수 없는 6구 포장 세트의 판매율이 훨씬 더 좋았다. 고객들은 마카롱 6개, 10개 개수가 중요한 것이 아니라 가격을 더 중요시한다는 점을 구매 형태를 보고 알 수 있었다. 6구 포장 세트의 마카롱은 선택권이 없음에도 가격적인 메리트로 많은 고객들의 선택을 받았다. 이에 6구 포장 세트의 포장 케이스를 제작하여 10구 포장 세트와 동일하게 고객들이 고를 수 있도록 즉각 변경하였다. 또한 마카롱 선택을 어려워하는 고객들이 많다는 걸 인지하고 판매율 순위로 BEST 10을 정하여 철저하게 데이터베이스화한 후 고객에게 선보였다. 어느 제품이나 마찬가지로 BEST는 고객의 시선을 끌고, 선택을 용이하게 만든다.

포장 세트의 확장

그럼 마카롱만 포장 세트로 판매할 것인가? 특별한 날인 크리스마스, 수능, 빼빼로데이, 발렌타인데이, 화이트데이 등을 타깃으로 마카롱 말고도 다양한 디저트 세트 구성으로 3만 원(마카롱 6구, 다쿠아즈 2개, 초콜릿 2개) 선물 세트를 출시했다. 이 구성은 마카롱이 워낙 유명해서 한 가지만 집중되어 있는 것을 분산시키고, 다른 종류의 디저트인 다쿠아즈 매출을 올리기 위해 만든 구성이었다. 이처럼 다양한 세트 구성을 만들어 다른 디저트도 함께 매출을 올릴 수 있는 아이디어를 내어 지속적으로 실험하고 고객의 피드백을 받아야 한다.

사실, 작은 점포일수록 새로운 고객을 늘리는 것이 힘들다는 사실은 해본 사람만이 안다. 그렇기에 매장에 방문한 한 명의 고객이 얼마나 소중한지도 알아야 한다. 그냥 한 명의 고객이 왔구나 생각하면 안 된다. 그 고객의 시선을 끌고, 단골로 잡아야 한다. 왜냐하면 새로운 고객의 확보가 그만큼 쉽지 않아 방문한 고객을 대상으로 단돈 1천 원의 매출을 올리는 것이 더 유리하기 때문이다. 그렇게 한 명 한 명이 추가 구매하면서 얻어지는 다양한 패턴들을 연구하여 포장 세트 구성이나 다양한 아이디어를 끄집어내어 매출을 조금씩 올려나가야 한다. 얼마 되지 않은 금액 같지만 한 달로 따지면 엄청난 매출로 쌓인다. 결국, 고객이 원하는 제품을 구매하러 왔다가 매장에 전시된 다른 제품을 더 선택하게끔 만드는 방법으로 매출을 계속 키워나가야 하는 것이다.

덤으로 낱개 마카롱 7개나 8개를 구매하는 고객에게 10개 고르면 포장 케이스에 담거나 1천 원 할인도 가능하다고 안내하면 2~3개 더 구매하는 경우가 훨씬 빈번하게 일어난다. 우리는 실제로 홀에서 고객 응대를 그렇게 하고 있고, 그 멘트 하나로 몇천 원의 매출 상승을 유도하고 있다.

포장 세트 구성은 조금 더 특별하고 다양한 디저트를 원하는 고객에게 좋은 반응을 이끌어낼 수 있는 유일한 수단이다. 각종 기념일에는 수백 명의 고객들이 디저트를 구매하기 위해 익선동을 찾는다. 최근 화이트데이에는 작은 가게에서 절대 불가능하다고 말하는 일 매출 800만 원을 달성하는 기적을 만들기도 했다.

기적 만들기, 여덟

쉽지 않은 택배 서비스

디저트 카페가 서울과 수도권에 집중되면서 디저트에도 택배 서비스가 활성화되기 시작했다. 지방에 사는 사람들이나 멀리 있어서 방문하기 어려운 고객들이 주요 고객층이었다. 나는 남양주 가게에서 영업을 시작하면서 즉석 판매 제조업을 신고하여 택배 서비스도 실시했다. 디저트를 냉동시켜 아이스팩과 아이스박스에 꼼꼼히 포장하여 발송하였다. 하지만 디저트 택배 서비스 영업 방법에는 많은 어려움이 있었다. 택배 하나를 보내기 위해서 마카롱을 정말 꼼꼼하게 신경 쓰지 않으면 안 되었다. 배송 중 디저트가 손상될 수 있는 요소도 있고, 배송 후에도 잘 도착했는지 수많은 걱정과 우려로 불안한 하루하루를 보내기 일쑤였다.

그래서 익선동으로 가게를 이전한 후에는 택배 서비스를 하지 않았다. 매장 안에서 만들어진 제품을 매장 안에서만 판매하고, 고객께서 안전히 가져갈 수 있는 포장에 신경 쓰고, 그 이상의 걱정은 하지 않았다. 불필요한 걱정을 하지 않으니 온전히 제품 생산에만 전념할 수 있었다. 택배 서비스가 전국적으로 영업 가능한 마케팅 방법이긴 하지만 오히려 로컬 고객을 놓치기에 알맞고, 일하는 수고에 비해 수입이 영 신통치 않았다. 익선동 이전 후 택배 서비스보다 매장에서 포장해갈 수 있는 테이크아웃에 집중하였다. 오픈 당시 테이블은 5개로, 메인 홀 2개와 서브 홀 3개의 테이블이 전부였다. 작은 마당에도 2개의 테이블이 있었지만 야외이기 때문에 겨울이나 여름 날씨에 따라 운영되기에 이점을 고려하면 매장의 총 테이블은 5개로 운영되고 있다. 우리 가게는 익선동 다른 가게에 비하면 평수도 작고 고객을 수용하기에 턱없이 부족한 구조였다. 게다가 오픈 주방까지 운영 중이니 상대적으로 주방의 규모는 꽤 큰 자리를 차지하는 셈이라 매장 공간은 더욱 협소할 수밖에 없다.

테이크아웃으로, 테이크아웃 전문점으로

그런데 고객들이 매장에서 드시기만 하고 테이크아웃을 하지 않는 모습을 보고 큰 위기감을 느꼈다. 초기에는 테이크아웃만 하러 들어오는 분들 자체가 없었다. 게다가 설상가상으로 너무 편한 빈백 소파를 두어 어떤 고객들은 4~5시간 동안 한자리에서 움직이지 않는 초유의 사태가 벌어지기도 했다. 무엇이 문제인지 고민하고 고민했다.

2016년 11월 오픈 당시 월 매출이 500만 원이었고, 테이크아웃 전문점으로 인식되기 시작하면서 급속도로 늘어난 고객으로 인하여 2016년 12월 매출이 1,200만 원으로 2배 이상 수직 상승하였다.

곰곰이 따져보니 테이크아웃이 가능하다는 것을 SNS(인스타그램)에만 알렸지 정작 매장 어디에도 테이크아웃이라는 단어는 눈에 보이지 않았다. 당장 입간판과 현수막을 만들어 테이크아웃, 아니 테이크아웃 전문점이라는 것을 강조하면서 매장 안쪽의 여러 곳에 테이크아웃 전문점이라는 안내 문구를 공지하였다. 고객들은 즉각 반응했다. 프앙디는 테이블 수도 적고 장소도 협소하니 테이크아웃 전문점이라는 걸 고객들도 인지한 것이다.

귀신같다고 해야 하나? 이전과는 다르게 매장에서 머무르는 시간이 줄어들었고, 매장에서 디저트를 드신 고객들이 프앙디의 마카롱이 최고라며 테이크아웃을 해가기 시작했다. 가족이나 친구들을 위해 선물하고 싶다며, 그냥 집에서도 먹고 싶다며 등등 본격적인 테이크아웃 행렬이 이어졌다. 선물하고 나눠 드셨던 여러 고객들이 프앙디의 마카롱이 맛있다며 다시 방문하여 디저트를 포장해가는 잠재 고객이 기하급수로 늘어나기 시작했다. 이때 단골 고객들이 가장 빠른 속도로 늘어났던 시점이 아닌가 싶다.

그리고 자리가 없어 대기 고객이 많을 때에는 "매장 안은 만석입니다. 포장만 가능하세요."라고 매장에 들어오는 고객들에게 공지를 하자, 큰 거부 반응 없이 유쾌한 표정으로 테이크아웃에 응해주었다. 누구나 다 아는 테이크아웃이지만 '어떻게 고객들에게 다가가서 인식되느냐.'에는 큰 차이점이 있다. 만약 테이크아웃의 전문점이 어필되지 않았다면 연매출 11억 원은 힘들었을 것이다.

매장은 생각한 대로, 나아가고자 하는 방향대로 그 특색이 정해진다. 프앙디는 수제 디저트 테이크아웃 전문점이다. 이 사실을 고객에게 어필하고 홍보하는 순간 고객들도 그렇게 움직이고 반응했다. 처음 문제점을 인지하고 바꾸지 않았다면 프앙디는 그냥 일반적인 디저트 카페로 운영되었을 것이다. 고객 대응에서 인식을 전환하기 위한 타이밍이 매우 중요하다는 사실을 배운 것이다.

기적 만들기, 아홉

나는 처음부터 대량 생산을 고민했다

얼마 전까지만 해도 마카롱은 생소한 디저트였다. 마카롱이라 얘기하면 '마카로니?'라고 되묻는 등 상당히 많은 분들이 마카롱을 알지 못했다. 놀랍지 않은가? 불과 4년 전 이야기다. 마카롱은 맛과 모양 등 모든 면에서 만들기 쉽지 않은 디저트임을 알게 되었다. 따라서 다른 디저트 카페와 분명히 차별화할 수 있는 아이템이며, 수제로 만든다는 점이 분명 큰 강점이 될 것이라 생각했다. 그리고 대량 생산이 힘들다고 알려져 있는 마카롱을 100% 수제로 대량 생산이 가능하도록 만든다면? 미래의 성공 가능성이 높은 디저트라 판단했다. 또한 마카롱 이외에 수제로 대량 생산이 가능한 메뉴를 개발하되, 대량 생산이 불가능한 디저트는 메뉴에서 과감하게 제외시켰다. 왜냐하면 시간이 지나면서 고객들이 많아져도 판매할 수 있는 시스템을 구축해야 최고의 매출로 연결시킬 수 있기 때문이다. 미래를 위해 시작 단계부터 대책을 세워놓지 않으면 매출의 한계가 오고, 결국 도태될 수밖에 없기 때문이다.

하루 3천 개 수제 마카롱의 제작 비밀

"어떻게 매장 내에서 100% 수제로 대량 생산이 가능한가?" 묻는 분들이 참 많다. 첫 번째 해답은 오븐이다. 대량 생산을 위해 오븐부터 달리했다. 일반 마카롱 카페들은 스메그 오븐을 쓰지만, 대량 생산을 위해서는 좀 더 큰 오븐을 구매해야 경쟁력이 있을 것이라 생각했다. 대부분의 파티시에들이 스메그 오븐을 많이 사용하는 것은 마카롱이 다른 오븐에 비해서 안정적으로 생산되기 때문이었다. 스메그 오븐만큼 마카롱이 잘 구워지면서 많은 양을 구울 수 있는 오븐을 찾기 시작했다. 그래서 선택한 것이 스메그 오븐의 안정성과 두 배의 양을 구울 수 있는 이탈리아 대형 오븐이다. 컨벡션 오븐이라 굽는 방식도 동일하고, 이탈리아 명품 브랜드라 제품 생산에는 아무 문제없는 최고급 오븐을 구매했다. 현재 총 5대의 이탈리아 오븐을 가지고 있다. 계산해보면 일반 디저트 카페에서 쓰는 스메그 오븐의 10대와 맞먹는 양이니 빠르게 늘어나는 고객들을 철저하게 대비할 수 있었다. 공간 절약과 비용 절약은 덤으로 따라온다.

마카롱은 마카로나주(마카롱 반죽)도 무겁고 일일이 모두 손으로 짜야 하기 때문에 손목에 상당한 무리가 간다. 입사하는 직원들마다 몇 개월 일하면 손목이 아파서 그만두는 일도 비일비재했고, 매일 출근 전에 물리 치료를 받은 후 마카롱을 생산하였다. 마카로나주는 기계가 대체할 수 있는 것이 아니어서 오로지 손으로만 가능한 수작업이니 다른 방도가 없었다.

이탈리아
컨벡션
대형 오븐

스메그
오븐 트레이와
비교한 모습

항상 대기 중인 3대의 이탈리아 컨벡션 대형 오븐

두 번째 힌트는 _꼬끄_ 기계다. 비록 마카로나주는 손으로 해야 하지만 단순하게 _꼬끄_만 짜주는 기계는 대량 생산을 위한 적임자였다. 마카롱 _꼬끄_ 짜는 기계에만 3천만 원 가까운 비용을 들였다. _꼬끄_만 짜주는 기계지만 대량으로 많이 만들다 보니 이 일만 덜어도 엄청난 일을 더는 것이나 다름없었다. 손으로 짜는 시간보다 절반 이상을 줄일 수 있고, 반죽만 만들어준다면 하루 최대 물량을 소화할 수 있는 시스템을 구축할 수 있었다. 모든 마카롱을 다 기계로 짜지는 않는다. 기계는 단색만 만들 수 있어 마블(2가지 색상)이 있는 마카롱은 기계로 짤 수 없었지만 그래도 그 일만 덜어도 손의 피로도도 줄이고 하루 3천 개라는 수제 마카롱 대량 생산을 위한 큰 역할을 담당했다.

대량 생산을 위한 마카롱 꼬끄 기계

세 번째 힌트는 분업이다. 보통 마카롱 카페는 2~3일은 디저트를 만들고, 디저트를 만든 셰프가 판매까지 하는 시스템으로 운영을 하고 있다. 하지만 프앙디는 주방에서 일하는 셰프나 보조 직원의 경우 홀 피크 타임을 제외하고는 판매 업무를 거의 하지 않는다. 그리고 주방 직원과 홀 직원 따로 분리하여 채용한다. 디저트를 생산하는 셰프는 생산에만 집중할 수 있고, 디저트를 판매하는 홀 직원은 판매에만 전념할 수 있도록 하였다. 담당 업무가 다르니 생산량도 늘고 판매량도 늘 수밖에 없다. 여기에는 전문성이라는 아주 중요한 의미가 내포되어 있다. 홀 직원은 고객 응대에 대한 노하우(가격 대응, 컴플레인 대응, 고객 맞춤 서비스 등)나 감정 표현이 훨씬 훌륭하며, 셰프는 장인 정신으로 오로지 생산성에만 몰두하니 당연한 결과겠다. 그게 다른 디저트 카페와 결정적인 차이점이란 걸 이해하고 실천해야 한다. 그리고 다음 파트에서 더 세분화된 주방 분업으로 어떻게 대량 생산을 하고 있는지 알려드릴 것이다.

타이밍은 준비한 자에게

대량 생산의 준비를 갖추어가던 그 무렵 연일 뉴스 보도와 네이버 실시간 검색까지 오를 정도로 유명했던 '마카롱 11개 사건'이 발생하게 되었다. 노이즈 마케팅으로 20~30대만 구매하던 마카롱의 소비층이 유치원부터 노년층까지 다양한 고객층으로 급속도로 확대되어 마카롱을 극적으로 알린 사건이었다. 그러면서 덩달아 마카롱 매출이 순식간에 늘면서 대량 생산을 준비하던 덕분에 아무 문제없이 디저트를 생산하고 판매할 수 있었다.

다른 디저트 카페도 마카롱 품절이 연일 이어지면서 이른바 '마카롱 대란'이라는 말까지 유행할 정도로 상당한 이슈였다. 만약 당시 소량의 생산만 가능했다면 지금의 프앙디는 없었다. 사회적 이슈로 많은 매출을 올렸지만 그 계기로 단골 고객들이 엄청나게 늘어났으며 프앙디가 더 알려지는 결정적인 계기가 되었다.

여기서 일 매출이 조금 오른다고 SOLD OUT을 하거나 방문한 고객을 돌려보내는 등 대량 생산을 위한 체계가 준비되어 있지 않았다면 11억 원이라는 연매출은 절대 달성할 수 없었을 것이다. 성공은 내일을 준비하고 있는 자가 차지할 수밖에 없다. 미래를 준비하지 않는다면 기회가 와도 잡을 수 없다. 대량 생산을 준비하지 않았다면, 그저 현재만 만족하고 오늘 나갈 양만 생산하고 판매했을 것이고 급성장의 기회를 잡을 수 없었을 것이다. 대량 생산은 작은 가게든 큰 가게든 대비해야 하는 숙명이다. 우리는 소량만을 판매하려고 가게를 오픈하지는 않는다. 장사는 남들보다 많이 팔아야 하고, 남들보다 더 많이 만들어야 매출을 높일 수 있다. 작은 가게에서 매출을 높일 수 있는 유일한 방법은 대량 생산뿐이다. 그러므로 우리는 대량 생산을 대비해야 하고 반드시 준비해야 한다.

타르트 역시 대량 생산할 수 있는 시스템을 만들었고, 프앙디에서 생산되는 초콜릿 역시, 처음엔 수냉법으로 수작업을 하였지만 이것도 생산의 한계를 느껴 700만 원 정도 되는 템퍼링 기계를 구매하여 초콜릿도 대량 생산이 가능하도록 시스템을 구축해가고 있다.

기적 만들기, 열

디저트 가격이 착하네

마카롱을 비롯하여 각종 디저트의 적정 판매 금액은 얼마일까? 고급 디저트라면 가격대가 좀 있을 거라는 생각이 들 것이다. 수 년 전 '번개'라는 의미를 가진 에클레어 디저트 역시 개당 8천~9천 원의 금액으로 판매되었고, 현재 매장에서 판매되는 타르트 역시 한 조각에 7천~8천 원이다. 비싼 디저트들 사이에서 나는 단돈 5천 원으로 구매할 수 있는 제품들을 기획했다. 마카롱이 아닌 '머랭 쿠키, 다이아몬드 쿠키, 수제 초콜릿' 3가지 상품이다. 이처럼 마카롱뿐만 아니라 대량 생산이 가능한 여러 메뉴를 적극적으로 개발하고 있다. 이 3가지 제품 또한 프앙디 매출을 높이는 데 꽤 많은 기여를 하고 있다. 5천 원짜리라고 해서 결코 대충 만들거나 비주얼이 예쁘지 않다면 오산이다.

이른바 가성비가 좋은 제품들이다. 흰색, 노랑, 핑크, 파랑, 장미, 연보라 등 각기 모양이 다른 알록달록 다양한 머랭 쿠키를 정성껏 만들어 판매한다. 또한 시즌별(할로윈데이, 크리스마스 등)로 특별한 머랭 쿠키를 만들어 판매하고 있다. 다이아몬드 쿠키의 경우는 일반적인 쿠키에 비해 손이 많이 가기에 직원들은 5천 원이 너무 싸다고 가격을 올려야 한다고 말한다. 하지만 다이아몬드 쿠키 역시 5천 원의 가격을 고수하고 있다. 수제 초콜릿 역시 건조 딸기를 사용하기 때문에 생딸기를 매장에서 하나하나 자르고 건조기에 올려 10시간을 건조시켜서 만든다. 사계절 내내 딸기 초콜릿을 만들기 위해 딸기 건조를 위한 수고로움을 마다하지 않는다.

다른 디저트 메뉴에 비해 가격 부담이 덜하여 고객들이 포장 세트를 구매하면서 하나씩 쉽게 구매하는 비중이 굉장히 높다고 할 수 있다. 그러다가 그 맛에 반하여 한 번에 몇 개씩 구매하는 재고객들이 늘어나는 것이다.

노출 전략과 쇼케이스

다른 제품에 비해 저렴하다고 정성껏 만들지 않는다거나 허투로 만들지 않는다. 천 원짜리 제품을 판매해도 정성이 들어가지 않는 제품은 판매하지 않는다. 저렴한 머랭 쿠키를 누가 선물로 받든 감동을 느낄 수 있는 정성을 담아 최선을 다해서 만든다. 그렇게 정성을 다하기에 저렴한 제품도 베스트 상품으로 만들 수 있는 강력한 무기가 되었다.

정성으로 만든 제품은 고객이 먼저 알아보고, 고객의 가장 큰 호응을 얻을 수 있었다. 프앙디의 저렴한 디저트 제품을 위한 노출은 특별하다. 포스 바로 옆에 비치하여 고객들의 시선에 항상 두어 쉽게 구매할 수 있도록 유도하고 있다.

고객의 눈에 보이지 않으면 구매로 이루어지기 힘들다. 손에 닿아 쉽게 고르며, 계산하면서 미처보지 못한 제품을 보고 부담되지 않는 금액으로 빠르게 구매하도록 세팅한 것이다.

낱개 5개를 사러 왔다가 6구 포장 세트를 구매하기도 하며, 마카롱만 먹으러 왔다가 머랭 쿠키나 초콜릿을 추가로 구매하는 등의 추가 구매가 빈번하게 일어나도록 만든 것이 핵심이다. 다쿠아즈 역시 마찬가지다. 5구 포장 세트를 구매하면서 부담되지 않는 선에서 가벼운 쿠키 등을 추가 구매하는 경우가 다반사다.

작은 디테일이 매출로 연결된다면 더할 나위 없이 행복한 경험을 하게 될 것이다. 프앙디 쇼케이스에 담겨진 제품들의 위치는 수없이 바뀌었다. 어떻게 진열해야 고객들의 구매로 이어지는지 수십 번의 시행착오 끝에 현재의 위치에 이르렀다. 작은 디테일이 매출과 직결되는 것은 그 가게만의 영업 노하우가 된다. 단돈 5천 원의 디저트라도 100명이 구매하면 50만 원이다. 2,400원짜리 마카롱을 구매하러 왔다가 부담없는 금액으로 추가 매출을 올릴 수 있다면 작은 가게가 성공할 수 있는 단초가 된다.

신메뉴 개발

다른 디저트 카페는 왜 메뉴가 다양하지 않을까? 전문점이라는 고정관념이 있기 때문이다. 마카롱 전문점은 마카롱만 팔아야 하고 다쿠아즈 전문점은 다쿠아즈만 팔아야 한다는 고정관념과 다른 메뉴를 생산하기 시작하면 몸이 고되기 때문이다. 언젠가 즐겨 시청하는 〈골목식당〉에서 포방터 돈가스의 신이 "내 몸이 고단해야 손님이 즐겁다."라는 명언을 남겼다. 그 이야기에 절대적으로 동감한다. 내 몸이 고단해야 고객을 즐겁게 할 수 있다.

12시간이 넘는 생산 시간 동안 다양한 디저트를 만들어 고객을 감동케 하는 것은 쉬운 일이 아닐 것이다. 1~2년 이상 가게를 운영해본 셰프라면 내 말에 공감할 것이다. 몸이 힘들다고 신메뉴를 포기하거나 고정관념에만 머무른다면 미래는 어떻게 되겠는가?

제대로 된 휴무일이 없었던 것도, 퇴근 시간이 정확하게 없었던 것도 모두 고객들에게 정성으로 만든 여러 디저트를 제공하기 위함이었다. 단순히 돈만 쫓기 위해 힘든 시간을 버틴 것은 아니었다. 아무리 고되고 힘들어도 고객이 우리의 디저트를 구매하면서 행복해하는 모습을 보면 그날의 피로가 풀리고 사명감을 느낀다. 내가 조금 힘들고 피곤해야 고객이 더 만족할 수 있다는 사실을 잊지 않았으면 한다.

매출이 떨어진다면 다양한 시도를 해봐야 한다. 손 놓고 아무런 변화를 주지 않거나 경기가 안 좋으니 장사가 안 된다는 핑계는 결코 도움이 되지 않는다. 대박 가게는 경기의 영향을 받지 않는다. 안 되는 가게에는 안 되는 이유가 있는 것이다. 한두 달 장사가 안 되면 신메뉴를 개발하면서 단 한 명의 단골 고객이라도 확보해야 한다. 매출이 떨어지고 있음에도 아무런 변화가 없다면 그 끝은 뻔하다. 시간이 주어진다면 지속적으로 메뉴 개발을 해야 하고 메뉴 개발을 할 능력이 안 된다면 매장을 오픈하지 말아야 한다. 그리고 항상 연구하는 자세로 틈나는 대로 신메뉴 개발과 함께 끊임없이 생각하고 행동해야 한다.

그리고 생각한 것들을 실행에 옮기고, 생각한 대로 움직이지 않는다면 바로 수정하고 좀더 나은 결과를 얻으려고 노력해야 한다. 한 가지 메뉴만 잘해서는 살아남기 힘들다. 메뉴 개발이 가능한 상태에서 한 가지 메뉴만 파는 것과 아무것도 할 줄 모르면서 한 가지 메뉴만 파는 것은 천지차이다. 단일 메뉴로 안 되면 어떻게 할 것인가, 다른 대체 메뉴라도 내어 메뉴를 바꿔야 하지 않을까? 위험성을 줄이고 실패를 줄이는 게 우리의 목표다. 언제나 내 생각처럼 장사가 잘되면 좋겠지만, 현실은 그렇지 않다. 안 될 경우가 더 많다. 최악의 상황까지 대비해야 한다. 대비책이 없다면 그 끝은 폐업밖에 없다. 한가할 때는 메뉴 개발에 힘써야 하고, 앞으로 어떻게 매장을 운영해야 할지 늘 고민해야 한다.

기적 만들기, 열하나

음료 판매의 욕심을 버려라

2017년 기준 커피 전문점은 9만 1천 개, 올해에는 10만 개를 넘고 커피를 파는 베이커리 카페나 샐러드바까지 합치면 12만 개가 넘을 거라고 말한다. 커피 시장은 포화 상태로 철저한 차별화전략 없이는 치열한 경쟁에서 살아남을 수 없기 때문에 오히려주목받는 것이 디저트 카페나 디저트 전문점들이다. 그리고 프랜차이즈 매장에서 판매되는 디저트와 수제 디저트와는 분명 큰차별성이 있다. 본사에서 기계로 대량으로 만든 제품과 셰프가매일 최고급의 재료로 만든 수제품과는 비교가 될 수 없기 때문이다. 디테일이 다르고 정성이 들어간 제품은 맛에서도 차이가있을 수밖에 없다. 커피가 처음 나올 때는 특별한 커피 맛을 즐기기 위해 맛있는 카페를 직접 찾아 다녔다.

하지만 편의점만큼 많아진 카페는 이제 커피 그 자체보다는 커피와 함께 즐길 수 있는 특별한 디저트가 있어야 하는 시장으로 변하고 있다. 이제 전문가가 맛있게 만들어주는 커피만 파는 카페들은 넘쳐난다. 커피를 오로지 맛으로 승부로 보기엔 그 경쟁이 너무나도 치열하다. 그래서 나는 커피나 음료 쪽에는 큰 미련을 두지 않았고, 각종 음료를 배제한 디저트에 중점을 둔 운영 방식을 취했다. 그래서 프앙디에서는 아메리카노와 홍차만을 판매하고 있다. 고객들은 하루에 몇 번의 커피를 마신다. 맛있는 커피를 마시고 싶다면 커피 전문점에 가면 되고, 맛있는 디저트가 먹고 싶다면 프앙디로 오면 된다. 운영 방식도 중요했지만 당시 인건비에 대한 부담이 커서 바리스타를 고용할 수 없었다. 자의반 타의반으로 디저트와 어울리는 최소한의 음료만을 판매했던 것이다. 프앙디가 자리를 잡아가는 과정에서 이 또한 긍정적인 방향으로 고객들에게 인식되기에 이르렀다. 프앙디는 주가 디저트라는 입소문과 함께 음료는 아메리카노와 홍차만 있는 정도의 오로지 디저트로 승부를 보는 곳이라고…. 그러면서 수많은 단골을 확보하며 해가 거듭될수록 성장할 수 있었다.

잘하는 것만 한다

커피 전문점이 아니기에 커피 가격을 다른 곳처럼 비싸게 받을 필요가 없었다. 오픈 초기 3천 원의 가격을 책정했다. 익선동 내에서는 아메리카노 가격이 다른 디저트 카페에 비해 절반에 가까운 파격적인 가격이었다. '아메리카노가 싸니 디저트를 드세요!'라는 무언의 전략이었다.

커피에 자신이 없고 자본이 넉넉지 않다면 다른 방법도 있긴 하다. 요즘은 캡슐도 너무나 잘 나오기 때문에 작은 캡슐 머신을 구매하여 커피를 판매하거나 무료에 가까운 금액으로 책정하는 것도 방법이다. 흔해 빠진 카페의 커피보다 디저트 외의 다른 음료 메뉴를 생각해보면 의외의 아이디어를 얻을 수도 있다.

모든 메뉴를 다 잘할 순 없다. 디저트 가게에서 커피도 전문적으로 하고, 디저트도 전문적으로 만든다면 더할 나위 없겠지만 주력 상품인 디저트에 집중하여 최고의 품질로 승부수를 띄워보자. 수십 가지 카페 메뉴와 디저트를 병행한다면 손이 많이 가는 디저트는 결국 소홀해질 수밖에 없다. 수제 디저트 카페는 커피 전문점에서 판매하는 메뉴를 줄이고, 최소한의 음료와 다른 곳과 차별화된 디저트를 생산한다면 성공 확률은 분명 높아질 것이다. 시장은 항상 변한다. 급변하는 성장 속에서 살아남기 위해서는 변화의 물결 속에서 항상 더 나은 생각을 하며 남들보다 한 발짝 나아가야 한다.

자본금도 넉넉지 않고, 규모에서 밀리는 시장에서 살아남는 방법은 아이디어뿐이다. 디저트 시장은 초기엔 틈새 시장일 수 있었으나 지금은 대기업에서도 디저트 시장에 뛰어들 만큼 어마어마한 성장 가능성을 가진 규모로 발전하고 있다. 커피 소비와 함께 디저트를 소비하는 문화가 활성화되기 시작했고, 지금 이 순간에도 디저트 산업을 중심으로 여러 산업이 함께 빠른 속도로 성장하고 있다. 급변하는 소비 트렌드를 이해하고 까다로운 고객들의 눈높이에 맞추려고 노력하는 자만이 성공할 것이다.

잘하는 것만 한다는 것은 곧 전문성이다.

모두가 안 된다고 했지만 이룬 기적

모두가 안 된다고 했다. 그 말을 비웃기라도 하듯, 5년이 지난 지금 연매출 11억 원을 기록했다. 수제 마카롱, 수제 디저트 전문점으로는 단언컨대 최고 매출이라고 자신한다. 어떤 이들은 우연히 마카롱의 유행 덕분에 운이 좋아서 잘된 것이라고 생각할 것이다. 5년 넘게 운영하면서 마카롱이 생산되는 날은 단 한 번도 쉰 적이 없다. 매장에서 만들어지는 모든 디저트를 직접 검수하고 확인하고 내보냈으며, 기준에 적합하지 않은 디저트는 모두 폐기 처분했다. 나 자신과의 약속에서 단 한 번도 타협한 적 없고 항상 기본을 지키며 일했다. 디저트 카페를 운영하며 겪은 나의 경험이 창업을 준비하는 분들에게 또는 현재 여러 가지 일들로 힘들어 하는 분들에게 조금이나마 용기와 희망이 되었으면 좋겠다. 학벌 좋고, 경력도 출중한 사람은 아니지만 디저트 하나로 어떻게 연매출 11억을 달성할 수 있었는지 진솔하게 담으려고 노력했다. 나만의 영업 노하우를 모두에게 공개하는 이유는 누군가가 단돈 얼마라도 매출이 상승되는 일을 경험하고, 꿈과 희망을 버리지 않길 바랐기 때문이다.

꿈이 있다는 것은 행복한 일이다. 아무런 꿈 없이 매일 무료한 삶을 사는 것조차 불행한 삶이 없다. 모든 이들이 꿈을 꾸었으면 좋겠고, 그 꿈을 위해서 열정을 가지고 도약했으면 한다. 나 역시, 힘든 시간을 겪었고 그 시간을 이겨냈기에 지금의 프앙디가 있는 것이다. 지금 힘든 시간을 겪는 많은 이들에게 도움이 되었으면 하고, 같은 업종에서 일하는 이들에게 조금의 깨달음이라도 있었으면 하는 바람이다. 항상 부족하지만, 그 부족함을 채우기 위해 배움의 자세로 임할 것이다. 지금까지 그래 왔듯이 목숨을 걸고 사업체를 지켜나갈 것이며 최선을 다해서 운영해나갈 것이다.

SALTY CARAMEL MACARON

STRAWBERRY TARTE

APPLE MANGO TARTE

DACQUOISE

디저트 성공 시대, 제2의 마카롱을 찾아라

CHOCOLATE

LEMON MACARON

디저트 성공 시대, 하나

디저트 문화의 급성장

수년 전부터 20대를 중심으로 디저트 문화가 천천히 발전하기 시작했다. 수제 디저트가 보편화되지 않았을 때는 몇 평 안 되는 작업 공간에서 소량으로 만들어 사람들이 삼삼오오 모여 있는 모임회나 장소를 찾아 판매했다. 그러면서 소규모의 가게가 등장하기 시작했고, 직접 만든 수제 디저트를 홍보하기 위해 프리마켓으로 진출하면서 그 시장이 점점 확대되자 디저트 페어라는 대규모 행사의 출현으로 디저트 시장은 다양한 발전을 모색하게 되었다. 여러 사람들이 개성을 살린 나만의 디저트를 만들고 그렇게 이슈가 된 메뉴가 마카롱이다. 캐릭터 마카롱, 오리지널 마카롱, 뚱카롱까지 다양한 아이디어를 접목해서 고객들의 니즈를 만족시키기에 충분했다.

몇천 원의 금액으로 소소한 행복을 누리고 달달한 디저트를 즐기는 문화는 젊은 사람들을 중심으로 발전하게 되었고, 이제는 남녀노소 누구나 디저트를 즐기게 되었다. 수제 디저트가 하나의 문화로 형성되면서 디저트 시장이 급성장하는 변화를 현장에서 직접 목격할 수 있었다. 앞으로의 디저트 시장은 그 영역이 더욱 넓어지고 더욱 전문화될 것이라고 생각한다. 이 시장은 무궁무진하다. 수제 디저트라는 분야는 공장에서 찍어내는 디저트와는 차별될 수밖에 없으며 매장에서 전문가들이 직접 만들어내는 디테일은 어떤 것도 따라갈 수가 없다. 따라서 수제 디저트 시장을 이끌어갈 곳에는 인재를 양성하고 전문화하는 회사만이 살아남을 수밖에 없다는 것을 진즉부터 알 수 있었다. 미래는 준비하는 자만이 차지한다. 지금 당장의 만족보다는 미래를 내다보고 준비해야 한다.

행복을 추구하는 디저트 카페

2030세대의 행복담론으로 '소확행'이 확산되었다. 이는 '작지만 확실한 행복'이라는 의미로 저성장 시대에 접어들면서 자연스럽게 따라오는 현상처럼 보이기도 한다. 경제 성장이 정체하면서 남에게 보이는 큰 행복보다 스스로 만족할 수 있는 행복을 추구하는 트렌드가 강해지고 있다. 특별할 것 없는 일상 속에서 소소하지만 확실한 행복을 추구하는 사람들이 많아지면서 관심을 끌게 된 것이 디저트다. 예쁜 디저트 카페에서 아메리카노와 작은 디저트 하나를 먹는 것만으로 행복을 느끼는 사람들이 많아졌기 때문이다.

단돈 1만 원으로 누릴 수 있는 소소한 행복을 추구하는 이들이 많아졌고, 행복은 멀리 있지 않다는 것을 깨닫고 있다는 의미이기도 하다. 부자가 되어야 행복한 것도 아니고, 큰 성공을 거둬야만 행복한 것이 아니라 일상에서 얼마든지 행복을 느낄 수 있다는 시대적 반영의 결과물이 바로 디저트다. 알록달록 정성스럽게 만든 디저트가 하나의 트렌드로 자리 잡는 현상은 어쩌면 당연한 것일지도 모른다. 쇼케이스에 가지런히 진열되어 있는 모습만 보아도 행복을 느낀다. 예쁜 디저트를 보는 것만으로도 대리 만족을 느끼고, 달달한 디저트로 스트레스를 한 방에 날려버린다.

예쁘게 진열된 쇼케이스 뒤로는 오픈 키친이 자리잡고 있으며, 디저트가 어떻게 만들어지는지 모든 과정을 직접 볼 수 있다. 머랭 쿠키가 만들어지는 과정이나 타르트가 만들어지는 과정을 연인이든 가족이든 지인이든 함께 보면서 일상의 이야기를 나눌 수 있다. 이처럼 소소한 행복을 함께 느끼고 누리는 시대에 살고 있는 것이다. 꼭 매장 안이 아니더라도 맛있고 예쁘기까지 한 디저트를 선물할 생각에 행복한 미소를 품은 고객들을 늘 만나게 된다. 디저트 시장의 포장 수요가 엄청난 것은 아마 이런 이유가 클 것이다. 5천 원, 1만 원, 1만 5천 원 등 어떤 가격대를 선택해도 후회는 없다. 정성으로 만들어진 수제 디저트를 받고 감동받지 않을 사람들이 없기 때문이다. 구매하는 고객도 선물받는 분도 행복해하는 모습에 우리는 더욱 보람을 느낀다. 발렌타인데이 등 특별한 날이면 수십 개의 수제 초콜릿과 1만 5천 원짜리 마카롱 세트를 10박스, 20박스씩 대량으로 구매하는 고객들이 점점 늘어나는 것을 보면서 소소한 행복 시대임을 절실히 느끼고 있다.

한국 디저트 산업은 소확행의 확산으로 하나의 문화로 빠르게 자리 잡아가고 있다. 또한 홈카페의 유행으로 커피나 디저트가 특별한 공간이나 카페가 아닌 가정에서 즐기는 문화로 이어지고 있다. 집에서도 핸드드립이나 간단한 캡슐커피 등으로 나만의 시간을 즐기는 사람들이 늘어나면서 유통 기한이 긴 제과류를 중심으로 구매가 월등히 상승하였다. 실제로 SNS에 홈카페를 검색하면 상당히 많은 피드가 올라와 있으며, 이와 같이 작은 행복들이 모여서 새로운 디저트 문화를 만들어내고 있다. 이런 현상들이 바로 디저트 시장의 급성장을 이끌어가고 있다.

디저트 성공 시대, 둘

디저트 덕후의 등장

덕후는 한 분야에 미칠 정도로 빠진 사람을 의미하며, 일본말 '오타쿠'를 한국식 발음으로 바꿔 부른 '오덕후'의 줄임말이다. 자신에게 특별한 의미를 가진 대상을 발견해 몰두하며 전문성을 쌓은 덕후는 자신과 비슷한 취미를 가진 사람들과 정보를 교류한다. 과거 덕후는 비호감의 상징이었다. 취미 생활에 빠져서 본업에 충실하지 못하고 사교성도 부족할 것이라는 편견 때문이었다. 하지만 지금은 '특정 분야에 대한 전문가'라는 긍정적인 의미로 발전했다. 기업들도 덕후들의 취향에 관심을 쏟고 있다. 덕후의 소비 패턴이 전체 소비를 선도하는 경향이 있기 때문이다. 덕후들은 주변 소비자들에게 전문가로 인정받기 때문에 그들의 소비 패턴과 의견은 기업의 마케팅 전략에도 영향을 주고 있다.

–네이버 지식백과 발췌

덕후들의 영향력은 대단하다. 디저트 덕후가 등장하면서 디저트 시장 또한 이들 덕에 상당한 발전을 하게 되었다. 디저트에 관한 정보를 수집하고 그 정보를 공유하며, 아무리 멀어도 맛집을 찾아다니면서 디저트 시식을 위한 시간과 노력을 아끼지 않는다. 디저트 문화를 이끄는 대표 고객들이라고 볼 수 있다. 디저트 덕후들 역시 2030세대를 중심으로 형성되었고, SNS를 중심으로 급속도로 발전하였다. 마니아층이 발전한다는 것은 확산 속도도 빨라지고 있다는 것이다. 디저트 문화가 몇 년 사이 초고속 성장을 할 수 있었던 이유가 아닐까 싶다. 미래의 디저트 시장이 얼마나 더 큰 성장을 이룰지 누구도 모를 일이지만 이제까지의 성장은 큰 변화 속의 작은 파도에 불과할지도 모른다.

밥 대신 디저트

초기 디저트 카페를 운영할 때 점심 식사 후 3시간, 저녁 시간 후 3시간이 피크 시간이었다. 12시간의 영업 시간 중 실제로 고객들이 매장에 있는 시간은 절반 정도밖에 안 된다. 식사 시간에는 사람들이 매장에 거의 없었다. 하지만 최근에는 매장 오픈 시간부터 마감 시간까지 빈자리가 거의 없을 정도로 항상 만석이다. 그 현상으로는 식사를 디저트로 대신하는 고객들이 많아졌기 때문이다. 밥 대신 빵을 먹는 것처럼 이제는 밥 대신 디저트를 먹는 시대가 왔다. 오히려 식사 시간에 고객들이 매장에 더 많은 걸 보면 시대가 많이 바뀐 것을 실감한다.

시장조사 전문기업 트렌드모니터가 실시한 '디저트 취식 보고
서'에 따르면 만 19~59세 사이의 남성 500명 중 디저트를 가장
많이 먹는 연령대는 30대로 나타났다. 특히 30대 남녀를 비교했
을 때 남성이 여성보다 아이스크림 선호도가 3.2% 더 높았고, 캔
디 및 젤리는 2.4%, 빙수류는 0.8% 더 높았다.

또 전체 조사자 1,000명 중 77.6%가 '식사 후 먹는 달콤한 디저트
는 기분 전환이 된다.'고 답했다. 농림축산식품부 등에 따르면 지
난해 국내 디저트 시장 규모는 8조 9,760억 원으로 전체 외식 시
장에서 10.7%를 차지한다고 했다. 이처럼 디저트에 대한 국내 소
비자들의 호응이 지속되고 있고, 여성의 전유물로 알고 있던 디
저트가 2030 남성들 사이에서 큰 호응을 얻는 추세다. 신세계백
화점에 따르면 올 들어서 3월까지 디저트 부문 누적 매출이 전년
동기보다 15.4% 늘었고, 2014년 이후 한 자릿수 정도였던 매출
증가율이 4년 만에 처음으로 두 자릿수가 되었다고 한다. 남성
소비자의 디저트 매출은 1년 전 전에 비해 27.8% 증가했다. 반면
여성 소비자의 매출 증가율은 9.7%에 그쳤다고 전했다.

남녀노소 불문 디저트

실제로 매장에 있으면 남성들끼리 즐기러 오는 고객들이 상당
히 많다. 주변에 이런 현상을 얘기하면 놀라기까지 한다. 이제 디
저트는 여성과 남성의 구분이 없어졌고, 남녀노소를 가리지 않
는다. 어린 아이부터 노년층까지 다양한 계층이 디저트를 즐기
고 사랑한다.

70대 어르신이 매장을 방문하여 디저트를 구매하는 모습까지 볼 수 있으니 특정 계층만이 디저트를 즐기지 않는다는 것을 알 수 있다. 이런 현상들 덕분에 디저트는 더더욱 성장할 수밖에 없다. 시간이 흐를수록 확산되는 디저트 산업이 앞으로 얼마나 발전 가능한 산업인지 한해 한해가 지날수록 몸소 느끼고 있다. 이미 몇 년전 디저트 페어에 참가했을 때 1,000개 이상의 마카롱이 1시간 만에 모두 품절되는 이상 현상을 이미 경험하기도 했다. 자신이 원하는 디저트를 위해 개미 떼처럼 모여 몸을 사리지 않는 젊은 친구들을 보면서 이 시장이 크게 성장할 수 있을 거라고 믿었다. 그 믿음 속에서 꿈을 키웠고, 더 큰 희망을 보고 있다. 그 세계는 지금까지 경험하지 못한 또 다른 세계일 것이다. 얼마 전까지 주변 지인들에게 이런 현상을 말해주면 믿지를 않았다. '정말 디저트를 좋아하는 사람이 그렇게 많아?'라며 믿을 수 없다는 반응이 대부분이었다.

디저트 성공 시대, 셋

마카롱의 등장

150년 전통을 자랑하는 세계 최고의 마카롱 전문점 '라뒤레'가 신세계백화점에 입점하면서 마카롱은 사람들에게 고급 디저트로 알려지기 시작했다. 식품 전문가의 입을 통해 마카롱은 죽기 전에 꼭 먹어야 할 세계 음식으로 소개되었고, 프리미엄 고급 디저트로 인식되면서 고객의 발길이 끊이지 않았다. 2012년 신세계백화점 강남점 입점 당시 개당 마카롱 가격은 3,800원이었다. 라뒤레와 쌍벽을 이루는 프랑스 마카롱 브랜드 피에르 에르메가 2014년 7월 현대백화점 무역센터점에 입점했을 때 가격은 개당 4,000원이었다. 비싼 가격 탓에 서민들은 쉽게 접할 수 없었던 디저트였다.

하지만 수제 디저트 인기에 힘입어 그동안 흔하게 볼 수 없던 베이킹 클래스, 베이킹 스튜디오, 쿠킹 클래스, 베이킹 공방 등의 등장은 일반인들이 본격적으로 디저트를 쉽게 접할 수 있는 계기가 되었다. 베이킹 공방에서 수업 후 공방 창업으로 이루어지는 순환이 계속되면서 여러 베이킹 공방들이 오픈하기 시작했다. 그러면서 디저트를 한 분야만 전문적으로 배울 수 있는 곳이 생기면서 마카롱 또한 여러 곳에서 클래스가 성행하였고, 취미로 시작해 창업까지 도전하게 되는 분들이 많아지면서 마카롱 카페들이 점차 늘어났다. 백화점에서는 4천 원을 호가하는 가격이지만 개인이 만든 마카롱은 5년 전만 해도 2천 원을 넘지 않았으니 백화점에 비해 절반 이하 가격으로 손쉽게 구매할 수 있게 되었다.

프앙디는 2014년 처음 마카롱을 판매할 때 1,600원을 시작으로 지금은 2,400원(2019년 기준, 모든 마카롱이 동일한 가격)이다. 물론 작은 디저트류의 과자 하나가 1,600원이면 그 당시에는 비싼 금액이었다. 크기 대비 가성비가 떨어지는 제품이라고 인식했기 때문에 처음부터 모든 사람들이 마카롱을 선호하진 않았다. 누구나 쉽게 사 먹을 수 있는 수준은 아니었다. 특별한 계층의 마니아들만 먹는 디저트로 일부에서만 소비층이 형성되어 있었다.

마카롱 대란을 겪다

하지만 작은 가게들의 등장과 디저트 시장의 활성화 등 마카롱이 조금씩 알려질 무렵, 2018년 5월 용인의 마카롱 가게에서 '마카롱 고소고발 사건'이 일어났다.

연일 뉴스에 오르내리고 인기검색 키워드 상위에 오르면서 마카롱에 대해서 모르던 분들도 관심을 가지게 되었다. 노이즈 마케팅으로 마카롱이 순식간에 전 연령층에게 알려진 큰 사건이었다. 그 일을 기점으로 마카롱은 급성장하기 시작했고, 프앙디도 '마카롱 대란'의 중심에 서는 매장이 되었다. 현재 서울에만 1,000 군데가 넘는 마카롱 판매점이 있다고 하니 전국적으로는 얼마나 많은 숫자인지 알 수 없다. 마카롱 카페가 우후죽순 늘어나게 된 이유는 포장 위주의 판매 방식을 선택하여 마카롱을 만들 수 있는 오븐과 진열할 수 있는 소형 쇼케이스만 있으면 판매하는 데 큰 무리가 없었기 때문이다. 이런 이유로 다른 업종보다 창업이 쉽고 소자본도 가능하기에 주부나 여성들이 선호하면서 마카롱 카페들이 더욱 확산되어, 또 한 번 마카롱 시대를 열게 만들었다. 또한 각종 매스컴에 소개되는 먹방 프로그램에서 연예인들이 해외에 나가 맛집 투어를 하고, 고급스러운 디저트를 먹는 모습들이 다양하게 비추이면서 일반 소비자들도 디저트를 찾고 더욱 소비하게 된 계기가 되기도 했다.

변형 마카롱의 등장

사실 마카롱은 만들기가 어렵고 까다로운 고급 디저트인데, 손재주가 뛰어난 한국 사람들은 다른 나라보다 마카롱을 조금 더 손쉽게 만들어냈다. 또한 창의적인 아이디어로 오리지널 마카롱에서 뚱카롱, 캐릭터 마카롱에 이르기까지 다양한 마카롱을 만들어내는 재주를 발휘하여 마카롱은 좀 더 다양한 모습으로 발전할 수 있었다.

뚱카롱은 한국에서만 볼 수 있는 변형 마카롱이다. 원래 마카롱은 크림없이 _꼬끄_만 먹는 게 시초였고, 프랑스로 넘어가면서 크림을 샌드하여 지금의 마카롱으로 발전하였다. _꼬끄_와 크림은 과하지 않게 균형을 이루어야 한다. 적당한 _꼬끄_ 맛과 크림의 조화가 적절하게 이루어져야 하는 것이다. 하지만 뚱카롱은 일반 마카롱에 비해 크림이 2~3배나 많다. 일부 마카롱 카페들이 맛이나 위생보다 겉모습에만 치중하는 경향 때문인지 뚱카롱은 그렇게 확산되었다. 그리고 매스컴이나 SNS에서 연일 뚱카롱을 선전하다 보니 유행으로 확산되기도 했으나 호기심에 뚱카롱을 먹어보고 실망한 고객들이 다시 오리지널 마카롱으로 돌아오고 있다.

보통 마카롱을 보면 그 가게의 오너셰프의 취향이 확연히 드러난다. 어떤 색감을 좋아하는지, 어떤 스타일의 마카롱을 선호하는지 등 2030세대에게 마카롱 카페는 각자의 개성을 살릴 수 있는 곳이다. 뚱카롱은 크림이 과하게 많고 각종 시럽이나 생과일을 얹어서 판매하기 때문에 겉모습으로 봤을 때 깔끔할 수가 없다. 그래서 나는 뚱카롱을 생산하지 않고, 오리지널 마카롱의 깔끔함과 정갈함으로 승부했다. 군더더기 없는 깔끔한 맛을 선호하는 스타일이라 뚱카롱의 유행 속에서도 오리지널 마카롱을 고집한 이유이기도 하다.

디저트 성공 시대, 넷

영원한 건 없다

마카롱이 20대만 즐겨 먹던 고급 디저트에서 이제는 언제 어디서 누구나 쉽게 먹을 수 있는 대중적인 디저트로 자리매김하였다. 하지만 늘 그렇듯 영원한 건 없다. 마카롱을 시작했을 때 마카롱이 이렇게까지 대중적인 디저트가 되리라고는 생각하지 못했다. 그래서 '○○마카롱'이라고 상호를 짓지도 않았고 단일 제품만 판매하는 디저트 전문점이 되고 싶지 않았다. 당장 내일을 알 수 없듯이 1년 후, 10년 후를 알 수 없다. 언제나 유행은 존재하고 대중은 변한다. 그 변화에 조금씩 맞추어 따라가야 한다. 마카롱이 과도한 사랑을 받은 것도 사실이며 단기간에 너무나 많은 마카롱 카페들이 생겨났으며, 마카롱을 모르는 사람이 없을 정도로 전 국민들로부터 너무나 큰 인기를 얻었다.

장기 경기 침체와 더불어 얼마 전 마카롱에 대한 뉴스 보도로 마카롱의 인기는 누그러질 듯 싶다. 단기간에 마카롱을 판매하는 곳들이 많아지면서 특색 없는 매장들은 문을 닫을 것이다. 이 위기를 잘 이겨내기 위해서는 나만의 특별한 디저트를 만들어야 한다. 그렇게 해야 경쟁에서 이길 수 있고 최종적으로 살아남는 자가 될 것이다.

우선 개성이 강한 매장으로 살아남아야 한다. 마카롱이 유행이라고 너도나도 마카롱을 만들고, 뚱카롱이 유행이라고 너도나도 뚱카롱만 만들어서는 안 된다. 수많은 가게들이 생겨나고 어디서나 볼 수 있는 똑같은 메뉴와 똑같은 마케팅으로는 절대로 버틸 수가 없다. 경쟁에서 이기기 위해서는 남들과 차별화되어야 하며, 개성을 잃지 않아야 한다. 수많은 디저트 카페 중 고객의 기억에서 잊히지 않고 또다시 찾고 싶은 곳으로 자리매김해야 한다.

대박 마카롱 다음 주자는?

프앙디는 다양한 디저트를 생산하기 위해서 차근차근 준비해왔다. 미래를 준비하는 사람은 기회가 왔을 때 절대로 실패할 수 없다. 마카롱 매출이 얼마 전부터 조금씩 떨어지는 모습을 보면서 반드시 이런 날이 올 거라고 생각했던 나는 절대로 당황하지 않았다. 오히려 이게 기회일 수 있다고 생각했고, 음료 구매 시 마카롱을 서비스로 주는 마케팅을 시작했다. 마카롱 이후에 또 어떤 디저트가 마카롱만큼 사랑을 받을지 누구도 장담할 수 없다.

매장 외부(위)와 매장 내부(아래)에 마카롱 서비스 알림판

그 기회를 남들보다 먼저 포착하기 위해서는 공부해야 하고 노력해야 한다. 항상 시장에서 눈을 떼면 안 된다. 노력 없는 성공은 있을 수 없다. 유행이나 앞으로의 트렌드를 미리 선점하기가 쉽지 않을 테지만 세계 디저트 시장의 동향과 소비자들의 변화속에 기회를 포착하는 노력을 아끼지 않아야 한다. 다른 디저트 카페에서 어떤 디저트를 출시했는지 반응은 괜찮은지, 소비자들은 어떤 디저트를 선호하고 어떤 변화를 보이고 있는지 유심히 살펴보아야 한다.

제2의 마카롱은 반드시 올 것이고 그 기회를 또다시 잡을 수 있을 것이라 생각한다. 최근 디저트 시장의 흐름을 지켜보면서 마카롱의 다음 주자는 구움 과자가 되지 않을까 조심스럽게 예상하고 있다. 마들렌, 까눌레, 스콘 등 작은 사이즈의 디저트 인기가 나날이 올라가고 있고, 누구나 쉽게 만들 수 있는 스콘 역시 대중적인 아이템으로 자리잡고 있다.

특히나 주의 깊게 체크해야 할 사항은 베이킹 클래스의 움직임이다. 클래스에서 가르치고 배우는 내용이 디저트 시장의 다음 주자를 예상하는 척도가 될 수 있기 때문이다. 현재 작은 구움과자 종류의 디저트 수업이 지속적으로 늘어나는 걸 보면 마카롱이 그랬던 것처럼 다음 시장의 주축이 되지 않을까 싶다.

.

부동산의 유혹

프앙디가 익선동의 핫플레이스로 등극하자 여러 부동산에서 전화가 오고 문자가 온다. 인근 부동산 사장님께선 지금 내놓으면 두 장 이상의 권리금을 받아줄 수 있다고 혹시 매매 의사가 없는지 물어보신다. 가게가 잘되거나 그 동네가 뜨면 주변에서도 가만히 두질 않는다. 나는 익선동이 좋고, 디저트를 사랑한다. 어렵게 몇 번의 실패를 딛고 이곳에 내 평생을 걸고 터를 잡았다. 우리 건물은 아니지만, 주인이 허락하는 한 이곳에서 오래도록 매장을 운영하고 싶다.

한번은 지인이 매장에 들른 적이 있다. 수없이 많은 고객이 오가는 모습을 보고 나에게 귀띔한다. 이렇게 사업이 잘될 때 프리미엄을 받고 넘기고, 또 오픈해서 프리미엄을 받고 넘기라고 권유한다. 그래야 큰돈을 만질 수 있다고. 하지만 나는 단호하게 말했다. '돈을 벌기 위해서 이 일을 시작한 게 아니라 좋아하는 일이라 오래오래 이 일을 하고 싶고, 이 사업을 오래 지속하고 싶다.' 10년, 20년 장기적으로 디저트 업계를 이끄는 최고의 회사를 만들고 싶다고 얘기했더니 나에게 엄지를 치켜세운다.

보통의 경우 그럴 것이다. 잘된다 싶으면 얼마 지나지 않아 프리미엄을 받고 넘기거나 2호점, 3호점을 내고 프랜차이즈를 시작하게 된다. 평생 직업이라는 사명감을 가지고 오래도록 이끌어나가고자 한다면 프리미엄을 받고 가게를 쉽게 매매하지 않을 것이다. 지금의 작은 성공은 수년간의 노력과 어쩌면 내 평생을 노력하여 이룬 결과물이며, 이것으로 인하여 더 큰 유무형의 수익을 창출할 수 있을 것이다. 당장의 이익을 위해 미래의 가능성을 포기한다는 것은 어리석은 일이다. 나는 이 일을 유지할 수 있도록 노력할 것이며, 큰 금액의 프리미엄을 준다고 해도 내 평생을 걸고 일궈놓은 이 일을 포기하지 않을 것이다. 주변의 어떤 유혹이 와도 잘 지켜내고 오래도록 유지하는 것이 프앙디를 믿고 일하는 직원들, 그리고 프앙디를 찾아주는 고객과의 약속이기에 눈앞의 이익은 탐하지 않을 것이다.

SALTY CARAMEL MACARON

STRAWBERRY TARTE

APPLE MANGO TARTE

DACQUOISE

대박 마카롱 가게 운영의 비밀이 여기에 있다

CHOCOLATE

LEMON MACARON

가게 운영의 비밀, 하나

수제 생산의 한계

오픈 당시 멤버가 총 3명이었지만 일주일 만에 한 명이 퇴사하고 나를 포함한 2명이 오픈 멤버였다. 초기에는 고객이 많지 않았기 때문에 셰프가 디저트를 만들고, 고객이 오면 다른 한 명이 디저트를 판매하는 방식으로 이루어졌다. 그런데 디저트를 만들다가 중간중간 셰프인 나도 홀을 보면서 고객을 맞이했다. 이렇게 운영하다 보니 셰프인 나는 디저트 생산에만 집중하기가 힘들었고, 점점 매출이 늘어나는 것을 체크하면서 당장의 욕심을 버리고 2명을 더 고용하여 총 4명으로 본격적인 디저트 카페로의 도전이 시작되었다. 4명의 직원들은 휴무일도 있기 때문에 평일은 거의 3명 위주로 근무를 했다. 2명은 디저트를 만들고 1명은 홀 직원으로 구성하였다. 혹시라도 홀이 바쁘면 주방의 셰프가 나가 홀을 보조해주는 정도로만 했다.

홀 직원은 홀만 보게 하고, 주방의 셰프는 오로지 디저트 생산에만 집중하도록 해야
더 많은 양의 디저트를 만들 수 있다는 결론을 얻었다.

마카롱팀 업무-마카롱 18가지, 다쿠아즈 5가지, 초콜릿 2가지

마카롱팀 하나, 타르트팀 하나

프앙디는 다른 디저트 카페보다 디저트 종류가 꽤 많은 편이다. 마카롱 18가지, 타르트 6가지, 다쿠아즈 5가지, 초콜릿 3가지, 머랭쿠키, 쿠키 등 30가지가 넘는 제품을 판매하고 있다. 메뉴가 다양하다 보니 일하는 직원들도 이 모든 디저트를 만들기에는 무리가 있었다. 그리고 미래를 위해서는 가장 큰 업무를 필두로 생산 종류를 달리해서 전문팀을 만들어야 디저트를 생산하는 데 있어 다른 가게보다 좀 더 차별화된 전문점으로 발전할 수 있을 것이라는 판단하에 주방의 업무를 분업화하기로 결정했다.

타르트팀 업무-타르트 6가지, 머랭 쿠키, 다이아몬드 쿠키

마카롱팀은 총 18가지의 마카롱, 5가지 다쿠아즈, 2가지 초콜릿을 포함해 25가지의 제품을 생산한다. 모든 디저트를 수작업으로 만들어낸다는 건 상당히 고되고 힘든 일이다. 전문 셰프가 해야 할 일과 전문가가 아니어도 할 수 있는 일이 있다. 업무량이 많아지면서 단순 업무, 즉 아몬드 가루 채 치기, 달걀 분리, 꼬끄 짝 맞추기, 통에 넣고 시트지 세척 및 정리 등은 아르바이트생을 고용해서 담당 업무를 분리하였다. 디저트팀 분리와 함께 그 안에서도 체계적인 운영을 위해 아르바이트생과 직원의 업무를 다르게 분담한 건 디저트를 조금 더 전문적으로 많은 양을 생산하기 위함이었다.

타르트팀은 타르트 생산을, 마카롱팀은 마카롱 생산을 더 집중적으로 함으로써 다양한 제품을 생산하기에 수월했다. 업무가 많아지면서 한두 사람이 모든 업무를 맡을 수가 없다. 조직이 커지면 커지는 만큼 담당 업무도 더 세분화하여 팀별 관리자를 지정했다. 이처럼 어떻게 하면 조금 더 효율적으로 생산을 할 수 있는지 경험을 통해서 그 해결책을 모색하여야 한다.

전공자도 놀라는 우리의 주방

수많은 직원들을 입사시키고, 교육시키는 일은 매우 힘든 일이다. 자신이 맡은 일을 하면서 누군가를 교육시키는 건 상당한 인내심과 끈기를 요구한다. 교육받는 신입 직원도 중요하지만 교육시키는 경력 직원의 중요성은 두말할 필요가 없다. 1년, 2년의 시간이 지나고 체계가 잡혀가면서 센스가 없거나 행동이 느리거나 인성이 되지 않은 친구들은 모두 퇴사하게 되었다. 처음부터 우리 시스템에 맞추어 정리 정돈부터 디저트 만드는 과정까지 수개월을 체계적으로 교육시킨다. 프앙디의 시스템을 이해하지 못하면 금방 퇴사하게 된다. 아무래도 수년 동안 만들어진 체계적인 틀이 있다 보니 더 어려움을 느낀다. 그래서 마카롱팀에 근무하게 될 직원이든, 타르트팀에 근무하게 될 직원이든 지정한 교육 담당자의 지휘 아래 일단 타르트팀에서 프앙디 주방 시스템의 교육을 철저하게 받고 이수해야 한다. 그러니 다른 가게보다 조금 더 힘들게 교육시키는 건 부정할 수 없는 일이다. 주방 시스템 교육의 핵심은 가장 기본적인 정리 정돈 등이며, 이게 되지 않으면 어떤 디저트를 만들든 해낼 수가 없기 때문이다.

제과제빵을 전공한 사람도 견뎌내지 못하고 고작 며칠 만에 퇴사하는 경우도 비일비재했다. 이렇게 바쁠 줄 몰랐다고 혀를 내두르며 퇴사한다. 우리의 주방에서 버티고 견뎌냈다면 어떤 일이든 잘할 수 있다는 증거이기도 하다. 보통의 베이커리 카페나 다른 디저트 카페에 비한다면 프앙디의 직원들이 많은 편이긴 하다. 최대 직원 10명, 아르바이트생 5명을 채용하였으니, 직원 수에 비해서도 매출이 많은 편이라 고되다. 그리고 당연히 그래야 한다. 이처럼 신입 교육에 신경을 쓰는 건 한번 뽑은 사람은 몇 년이고 함께 일할 마음으로 채용하기 때문이다. 일 잘하는 직원 찾기도 쉽지 않을뿐더러 우리와 맞는 사람을 채용한다는 건 상당히 어려운 일이다. 그러니 기간이 얼마가 걸리든 기본기가 탄탄한 직원으로 성장시켜야 한다.

누군가를 공을 들여 가르친다는 건 꽤 힘들고 고단한 일이지만, 고비만 잘 넘기면 1년, 2년을 일할 수 있는 환경이 주어진다. 처음부터 제대로 된 시스템으로 교육을 단단하게 시켜야 하고, 이것은 한 사람의 능력을 최대치로 끌어올리기 위한 것이며 미래의 성장과 직결된다. 교육을 잘못하면 가게 입장에서도 손해고 인력 낭비로 이어질 수 있으니 처음부터 제대로 된 교육을 시켜 쓸데없는 인건비가 낭비되는 일이 없도록 해야 한다. 같은 인원으로 최대 물량을 생산할 수 있는 충분한 조건을 갖추었음에도 직원 하나하나가 받쳐주질 못한다면 회사 입장에서는 손해를 보고 있는 것이다. 매출에 따라 직원들의 업무가 바뀌고 생산량에 따라서 담당 업무를 바꾸어가야 회사의 발전을 도모할 수 있다.

가게 운영의 비밀, 둘

즐기면서 만들 숫자를 넘어서다

마카롱 하나를 완성하기 위해 필요한 작업은 다음과 같다.

- 아몬드 가루를 체쳐야 한다.(2박스 기준 1시간 소요)
- 계란 흰자, 노른자를 분리하여 흰자만 따로 모아야 한다.
  (10판 기준 1시간 소요)
- 머랭을 올린다. 아몬드 가루+슈거파우더 혼합하여 반죽한다.
  (마카로나주를 만듦)
- 마카로나주를 짤주머니에 넣어 시트지에 짠다.
- 30분~1시간 정도 건조하여 오븐에 굽는다.
- 구워진 꼬끄를 시트지에서 잘 떼어내어 비슷한 사이즈끼리 짝을
  맞춘다.

- 크림을 만든다.
- 크림 안에 들어갈 과일을 콩포트한다.
- 꼬끄 위에 크림을 짠다.
- 크림이 잘 굳어질 때까지 냉장고에 넣는다.
- 통에 잘 넣어 하루 정도 숙성시킨다.
- 포장한다.

간단히 적었는데도 12가지나 된다. 이 많은 작업을 일일이 모두 한다는 것은 쉽지 않은 일인데, 일정한 맛과 모양을 유지하면서 하루 마카롱 최대 생산량 3천 개라고 생각해보면…. 이 수량을 2,400원을 기준으로 가격을 매긴다면 7백만 원에 해당하는 금액이다. 하루에 7백만 원어치의 제품을 생산한다는 것은 눈으로 직접 보지 않고서는 절대 상상하지 못한다. 출근 시간 7시부터 단 1분도 쉴새 없이 5시간을 생산하여 꼬끄 6천 개(1개의 마카롱당 2개의 꼬끄)를 만들고, 1시간의 점심 시간 후에는 3천 개의 크림을 짠다. 하루 종일 만든 3천 개를 밀폐 용기 안에 넣는 것도 무려 2시간이나 걸린다. 포장하는 일 또한 만만치 않다. 하루에 100개, 200개 소량으로 만들 때는 누구나 즐기면서 잘 만들 수 있다. 그렇지만 매일매일 아무 문제없이 하루 수천 개를 만들어낸다는 것은 정말 대단한 일이고 경이로운 일이다. 다년간의 노하우가 없다면 절대로 할 수 없는 일이다. 하루 마카롱 3천 개, 연매출 11억 원을 프앙디가 해내고 있다면 사실 믿지도 않는다. 여느 가게와 달리 대기 줄이 엄청 길거나 SOLD OUT도 없다 보니 더 그럴 것이다.

대기 줄이 없을 정도로 시스템화했고, 고객의 대응에 대비하여 SOLD OUT 없이 대량 생산을 맞추다 보니 생긴 아주 특별한 현상일 것이다.

설탕 2,000g을 태우는 시간

마카롱 중에 상위 매출을 꾸준히 올리는 메뉴 중 하나가 '솔티카라멜 마카롱'이다. 카라멜을 제품으로 만들기 위해서는 설탕이 필요하며, 설탕을 태워서 생크림과 버터를 넣고 약간의 소금을 넣으면 완성된다. 이렇게 한 문장으로 얘기할 수 있으니 참으로 간단해 보인다. 하지만 실제 작업은 그렇지 않다. 200개의 마카롱에는 설탕 2,000g을 가스불에 올려 태워야 한다. 설탕 2,000g을 한 번에 태울 수 없기에 두 번에 걸쳐 태우는데 설탕을 태우는 시간만 1시간 이상이 걸린다. 이 작업은 숙달된 숙련자가 아니면 너무 많이 태워서 탄 맛만 날 수도 있고, 덜 태워 단맛만 날 수 있다. 설탕의 단맛과 탄 맛이 적절하게 어우러졌을 때 최고의 '솔티카라멜 마카롱'을 만들 수 있다.

3년 가까이 이 일을 직원들에게 인수인계하려 했으나 내가 태운 것과 똑같은 맛을 내는 직원이 없었기에 2년이 넘는 시간 동안 그 많은 설탕을 혼자 다 태웠다. 너무나 힘든 과정이라 메뉴에서 빼고 싶었지만, 인기가 많은 제품이라 수고로움을 견딜 수밖에 없었다. 최근에는 모든 걸 직접하면 끝이 없을 것 같아 실패하여 다시 작업하더라도 직원에게 조금씩 맡기고 있다. 그래도 아직은 직접 지켜보는 가운데 작업을 해야 비슷한 맛을 낼 수 있다.

힘들어도 콩포트

과일로 만든 종류의 마카롱이 유독 많다. '딸기 마카롱'을 만들기 위해서는 단순히 생딸기만 크림 속에 넣는 게 아니라, 딸기를 일일이 자르고(30분 소요), 콩포트를 만드는데 그 시간만 무려 40여 분이 걸린다. 만들어낸 콩포트를 식혀 과육은 크림 안에 넣고 나머지 콩포트액은 크림 안에 들어간다. 일일이 마카롱 안에 과육을 넣는 일도 30분 이상 소요되는 상당한 작업이다. 손이 많이 간 제품일수록 고객들에게 인기가 좋다. 옆에서 만드는 걸 지켜본 것도 아닌데 그 수치는 거의 100%에 가깝다. 힘든 과정은 빼보려고 했지만, 과정 하나를 빼면 맛도 그만큼 덜해진다.

최근 SNS로 홍보하는 디저트 카페들의 특징 중 하나가 과일 마카롱이라고 하면 아예 과일을 통째로 올리는 방법으로 마카롱을 만든다. 과일을 통째로 올리는 이유는 콩포트 만드는 작업 과정이 힘들고 생과일로 올린 마카롱의 비주얼이 훨씬 좋기 때문이다. 하지만 샌드된 크림과 적절하게 조화가 잘 어울리는 깊은 맛이 우러나올 수 있도록 조리한 과일로 만든 마카롱과는 비교 불가다. 정성으로 만든 마카롱은 당연히 소비자가 먼저 알아보고 프앙디의 BEST 메뉴가 된다. '레몬 마카롱'은 레몬의 껍질과 씨를 일일이 제거하여 레몬 청을 만든다. 레몬 청은 최소 일주일 이상 되어야 맛을 낸다. 정성껏 만든 레몬 청, 레몬 과즙, 레몬 주스, 레몬 제스트, 약간의 레몬 가루 등 5가지 이상의 레몬 관련 재료가 들어간다.

이 모든 것을 시판용으로 쓰지 않고 직접 만들어 레몬 마카롱 재료 베이스로 쓴다. 레몬 마카롱을 드셔본 고객들은 누구나 놀란다. 특히, 유럽에서 온 외국인들이 '레몬 마카롱'을 먹고선 '엄지 척' 하고 가는 분들이 한두 명이 아니다. 외국 어디에서도 이런 맛은 본 적이 없다고 한다. 얼마 전, 레몬 마카롱이 너무 맛있어 꼭 인사를 하고 싶다고 하여 주방에서 일하는 도중에 홀로 나가서 감사 인사를 받은 적도 있었다.

진짜 여기서 다 만들어요?

매장을 방문하는 고객들에게 가장 많은 받는 질문이 다음과 같다.

"진짜 여기서 다 만들어요?"

이 책이 출간되면 수천 개의 마카롱이 만들어진다는 사실에 똑같은 질문을 더 많이 할 수도 있겠다. 하여튼 모든 걸 직접 만드는 수제 디저트 카페는 고객들의 신뢰를 얻을 수 있다면 물불 가리지 않고 실행해야 한다. 프앙디는 마카롱에 들어가는 원재료 외에는 모든 제품을 직접 만들고 있다는 점을 강조하고 싶다. 이 모든 과정을 오픈 주방을 통해 선보이는 것도 고객을 위한 배려이고 자신감이다. 이처럼 자신만의 강점을 홍보하고 최대한 우리 가게의 매출로 연결될 수 있게끔 노력해야 한다. 강점을 극대화한다면 성공할 수 있는 길에 접어든 것이나 마찬가지다.

생산자 입장에서는 "진짜 여기서 다 만들어요."가 아니라, "진짜 여기서 정성껏 다 만들어요!"가 더 맞을 것이다. 이 책을 통해 수제 디저트의 대량 생산 내용을 독자들에게 보여줄 수 있는 것은 우리만이 할 수 있는 또 하나의 자부심이자 긍지이다.

가게 운영의 비밀, 셋

과일에도 급이 있다

고객들은 식당이든 카페든 디저트 전문점이든 아주 사소한 것에 마음이 상할 때가 있다. 재료가 신선하지 않다거나 메뉴의 양이 부족하거나 반찬 리필을 아끼는 경우가 종종 있다. 요식업에 종사하게 되면 절대로 재료를 아끼지 말아야 한다. '어떻게 더 푸짐하게 제공할까?'를 항상 염두에 두고 고민해야 한다. 우리 매장에서 판매되는 타르트를 살펴보자.

가을의 자몽 타르트와 샤인머스캣 타르트

"

봄 : 청포도 타르트, 딸기 타르트,
블루베리 타르트, 자몽 타르트, 애플망고 타르트,
여름 : 자몽 타르트, 샤인머스캣 타르트, 무화과 타르트,
애플망고 타르트, 블루베리 타르트, 체리 타르트
가을 : 무화과 타르트, 샤인머스캣 타르트, 블루베리 타르트,
자몽 타르트, 체리 타르트
겨울 : 딸기 타르트, 체리 타르트, 블루베리 타르트,
자몽 타르트

"

일주일에 2~3번 1시간 거리의 과일 도매시장에 가서 최고의 과일을 선별한다. 모든 과일의 유통이 이루어지는 도매시장은 선택의 폭도 높이고 최고급 과일을 저렴하게 구매할 수 있는 좋은 장소이다. 도매시장 역시 가게마다 과일의 품질이 다르다. 동네 마트에만 납품할 수 있는 품위를 위주로 판매하기도 하고, 고급 과일 위주로 판매하는 가게가 있다. 업장에 맞는 과일을 판매하는 가게를 찾아야 나중에 조금 편하게 과일을 거래할 수 있다. 초기에는 직접 재료를 찾아 도매상에 다녔지만, 3년이 지난 지금은 믿고 거래하는 업체가 생기면서 일주일에 한번쯤은 직접 배송까지 해주니 일이 많이 수월해졌다.

디저트 일을 하기 전에는 딸기 종류는 그냥 딸기 한 가지라고 생각했는데, 딸기 품위에 따라 설향, 장희, 육보, 죽향 등의 순으로 나뉜다. 프앙디에서 사용하는 딸기는 죽향 딸기로 백화점에 납품되는 최고급 딸기이다. 매일 과일을 직접 고르고 구매하다 보니 이젠 한눈에 최고급 딸기를 고를 수 있는 능력이 생겼다. 자몽 역시 종류가 많다. 플로리다, 다크레드, 남아공레드, 이스라엘레드, 그리고 캘리포니아레드 자몽 등이 있다. 여기서 프앙디에 맞는 자몽을 고르고 선별한다. 수많은 과일 중에 가장 좋은 상품을 고르는 일은 매우 중요하다.

맛이 없으면 이상한 일

프앙디는 일반 디저트 매장에서는 볼 수 없는, 특급 호텔에서나 판매하는 최고급 과일로 타르트를 만든다. 제주산 애플망고가 처음 나올 때는 7수 짜리 한 박스에 10만 원이 훨씬 넘었고, 2018년 SNS에서 이슈가 되었던 망고포도, 즉 샤인머스켓 역시 한 박스에 10만 원이 넘는 고급 과일 중에 하나다. 이것은 도매 가격이니 소비자 가격으로는 15만 원이 넘는 금액이다. 이런 고가의 과일이 일반 디저트 카페의 레시피로 올라가니 고객들은 신기해하며 호기심반 기대반으로 지갑을 연다. 왜냐하면 어디서나 쉽게 접하는 과일이 아니기 때문이다.

마카롱과 마찬가지로 타르트 메뉴도 쉬운 메뉴가 아니다. 타르트를 어디서 쉽게 접하겠는가? 한때 유행했던 에그 타르트는 부드러운 식감의 타르트로 인기가 많았다. 하지만 프앙디에서 판매되는 타르트는 유행을 따르지 않고 다른 스타일의 맛을 개발하여 고객들에게 어필했다. 타르트지는 바삭하고 중간엔 아몬드 크림, 크림치즈 필링과 싱싱한 생과일 조합을 선택했다. 프앙디 타르트를 맛본 고객들은 그 맛을 잊지 못해 우리의 단골이 되었고, 지금도 진행형이다. 어떤 메뉴든 재료가 좋으면 맛이 없을 수가 없다. 과일 시장에서 바로 사온 싱싱한 과일로, 그것도 최고급 과일로 타르트를 만들었으니 맛이 없으면 이상한 일이다. 매장에서는 과일이 싱싱하지 않거나 조금만 상한 부분이 있어도 전부 폐기처분한다.

비싼 과일을 쓰기 때문에 직원들은 하나라도 더 아끼려고 제품을 만들지만 싱싱하지 않은 제품이나 상처 난 과일로 제품을 만들었다가는 날카로운 눈으로 여지없이 잡아낸다.

최고가 아니면 안 된다. 재료는 반드시 남들과 달라야 한다. 기본적으로 좋은 식재료를 써야만 맛있는 음식을 만들 수 있다. 재료를 아껴서는 안 되며, 좋은 재료를 쓴다는 것은 맛있는 디저트를 만들기 위한 핵심이다. 그렇게 고객의 눈에 띄어야 기억 속에 오래 남는다. '그 집 타르트는 언제나 과일이 싱싱해!' '프앙디는 최고의 과일을 아낌없이 올려!'라고 반드시 기억되어야 한다. 가끔, 신입 직원들이 프앙디에서 사용하는 과일을 맛보면서 지금까지 먹어본 과일 중에 최고로 맛있다고 말한다. 이제껏 먹어본 딸기와는 차원이 다르고, 타르트를 만들기도 전에 놀란다. 너무 당연한 이유겠지만 프앙디의 딸기는 백화점에 납품되는, 일주일이 지나도 무르지 않는 최고급의 싱싱한 딸기를 구입하기 때문이다. 재료에 자신이 있기에 고객들이 알아주는 것은 당연한 이치다.

동일한 타르트지에 어디서나 먹을 수 있는 보편적인 마트 딸기를 올린 것과 일반인들이 흔히 접해보지 못했던 품위의 과일을 올린 디저트의 결과물은 뻔하다. 너무 쉽지 않은가? 다만 조금의 이익, 당장의 이익에 급급하면 절대 실천할 수 없는 일이다.

가게 운영의 비밀, 넷

실패하는 유명 셰프들

얼마 전, 직원에게 이런 이야기를 들은 적이 있다. 10여 년의 경력을 가진 이 직원은 그동안 수많은 셰프들을 만났고, 그들과 함께 일했다고 한다. 각종 대회 우승 상장과 메달, 유명 기관의 수료증은 물론이고 대학 교수 등 업계에서 인지도가 높은 사람들이었다. 하지만 그 많은 셰프들 중에 프앙디 오너셰프님이 최고로 잘나간다는 것이다. 그 이유가 궁금해 물어보니 화려한 경력과 이력을 자랑하는 많은 셰프들이 막상 디저트 전문점을 오픈하면, 예상과 달리 매출이 신통치 않다고 말해주었다. 이른바 장사를 잘 못한다는 것이다. 그래서 내가 그 이유에 대해서 더 물어보니 경력 직원을 뽑아 자신의 레시피만 제공하고 생산에는 많이 참여하지 않는다고 대답했다. 놀라움 그 자체였다.

그렇게 디저트 전문점을 운영할 거면 왜 오픈했는지 의문이 들었다. 자격증, 상장, 교수가 실전에서 무슨 소용이 있다는 건가. 직접 디저트 카페를 운영해보니 아무리 똑같은 레시피를 제공해도 만드는 사람에 따라서 천차만별의 디저트가 나온다.

호텔에 아는 지인이 있어 들은 바로는 어느 호텔에서 최고의 레시피로 디저트를 만들었지만 결국 구매하는 사람들이 없어서 디저트 판매를 중단했다고 한다. 유명 셰프가 만든 최고의 레시피로 생산하였는데 왜 많이 판매되지 않았던 것일까? 셰프의 손길을 거쳐 최고의 레시피가 탄생하더라도 고객의 선택을 받기까지는 수천 번, 아니 수만 번의 노력이 있어야만 가능한 것이다. 결국 최고의 레시피 그 자체로는 고객의 선택을 받지 못하는 경우가 비일비재하게 일어난다는 점이다.

최고의 레시피만 있으면 성공할까?

또한 맛 그 자체도 중요하지만 고객의 심리를 잘 파악해야 한다. 고객들이 어떤 디저트를 원하는지, 어떤 디저트를 쉽게 포장해가고 구매하는지 그 니즈를 잘 파악하고 적용해야 한다. 프앙디는 대량 생산할 수 없는 디저트와 테이크아웃이 불가능한 디저트는 아예 생산하지 않는다. 그리고 유명 디저트 카페의 디저트를 살펴보면 이름도 생소한 디저트가 상당히 많다. 많은 사람들이 디저트를 좋아하기 시작했지만 아직 모든 디저트를 다 알지 못한다. 들도 보도 못한 디저트와 너무나 고급스러운 비주얼은 소비자에게 거부감을 느끼게 한다.

나 역시 같은 업종에 몸담고 있지만, 쉽게 접할 수 있는 디저트를 구매하지 생소한 디저트는 쉽게 구매하지 않는다.

고객의 입장에서 생각하면 쉬운 결론이 나온다. 레시피만 좋다고 많이 판매되는 것도 아니고, 모든 것이 맞아 떨어져야 한다. 디저트의 맛, 종류, 포장, 인테리어, 소비자 감성, 매장 입지, 가성비, 서비스 품질, 트렌드 등 수많은 조건이 맞아 떨어져야 매출이 상승할 수 있다. 최고의 레시피만 찾으려고 한다면 틀렸다. 어떤 레시피가 주어져도 매장에서 최고로 판매될 수 있는 제품으로 만들어 고객의 선택을 받는 노하우를 쌓아야 한다.

❝

최고의 레시피란?
내 매장에서 가장 잘 판매되고 소비자에게 BEST로 선택받는
메뉴가 최고의 레시피가 아닐까 생각한다.

❞

가게 운영의 비밀, 다섯

온갖 힘을 다하려는 참되고 성실한 마음

우리는 성실하게 음식을 만들어내고 있을까?
온갖 힘을 다하여 만들어내고 있을까?

위의 제목은 정성의 사전적 의미이다. 오픈 초기 혼자 모든 디저
트를 직접 다 만들어냈지만, 일손이 부족하고 직원을 채용하면
서 문제점이 생기기 시작했다. 내가 만든 것과 직원이 만든(똑같
이 가르치고 만든) 제품을 보면 완성도가 많이 다르다. 맛과 비주
얼 부분에서 디테일이 많이 떨어진다는 것이다. 수개월을 가르쳐
도 디테일한 부분을 따라오지 못하니 가르치는 사람도 고생, 함
께 일하는 직원도 힘들었다. 이런 직원들이 퇴사하게 되는 과정
을 겪으면서 디저트 만드는 업은 아무나 할 수 있는 일이 아니라
는 걸 절실하게 깨달았다.

우리나라에서 가장 비싼 과일을 가져다주어도 가장 싼 과일로 만드는 재주를 가진 친구들이 너무나 많았다. 과일만 올린다고 쉬워 보이지만 매일매일 다른 과일 사이즈에 어느 위치에 적정하게 올리느냐에 따라서 제품 하나가 먹음직스럽게 보일 수도 있고, 대충 만든 제품이 될 수도 있다는 경험을 수도 없이 했다.

어떤 날 유독 과일 타르트의 매출이 저조해서 문제점을 짚어보면 대충 만들었다는 것을 알 수 있었다. 그런 과일을 수정하고 다시 만들어서 나가면 그날 최고 매출의 타르트가 되는 경험을 한다. 얼마나 이 제품을 정성스럽게 만드느냐 최선을 다해서 만드느냐에 따라서 제품의 판매량이 다르다. 하지만 '직업 정신 없이 직원끼리만 있으니 대충 만들자, 몸이 안 좋으니 이 정도면 되겠지.' 하는 식의 대충 마인드로 디저트를 만드는 것은 내가 절대 용납하지 않는다. 아니 고객이 용납하지 않는다.

기가 막히게 알아본다

매일 매장에서 생산되는 제품은 모두 검수한다. 정성 들이지 않은 제품, 대충 만든 제품은 절대 판매될 수 없다. 누군가 나에게 조언한다. 그렇게 해봐야 나만 피곤할 뿐 알아주는 사람 없다고. 하지만 양심이 허락하지 않는다. 정성스럽게 만든 제품이 고객들에게 눈에 띄어 판매되는 걸 보면 어느 것 하나 신경을 쓰지 않을 수가 없다.

"

정성을 들여서 만든 제품은
고객이 정말 기가 막히게 알아본다.
모든 음식의 맛은 정성이 반 이상 한다고 생각한다.

엄마가 정성 들여 만든 집밥과
밖에서 먹는 음식의 맛이 다른 걸 보면 알 수 있다.
밖에서 사 먹는 음식도 정성이 들어간 음식은
고객이 먼저 알아보고 대박집이 된다.

"

정성으로 만든다는 건 가장 정직하고 최선을 다해서 만든다는 뜻이다. 정성으로 만들다 보면 언젠가 한명 한명 단골이 될 것이고, 그 단골이 또 다른 고객을 모시고 오는 경험을 하게 될 것이다. 정성은 교과서다. 정성스럽게 만들어보자. 그리고 정성스럽게 모든 제품을 검수하자. 정성은 우리를 배신하지 않는다. 정성스럽게 만든 제품은 반드시 고객이 먼저 알아본다. 아주 귀신처럼 말이다.

가게의 운영의 비밀, 여섯

똑같은 가격으로 통일하다

5년 전 제주도 카페에서 판매했던 마카롱 가격이 1,400원이었는데 현재는 2,400원이니 꽤나 많이 오른 상태이다. 나는 마카롱 가격을 결정함에도 나름의 전략을 가지고 접근했다. 보통 마카롱 가격을 모두 통일하여 판매하는 디저트 카페는 거의 없다. 여러 종류의 마카롱에 들어가는 재료가 제각각 달라 가격에 따라서 몇백 원씩 차이가 있다 보니 당연히 그럴 수밖에 없을 것이다. 하지만 프앙디는 전체적인 단가를 계산하여 마카롱 가격을 책정했다. 즉 20가지 '마카롱 가격을 동일하게 한다.' 라는 전제조건을 기본으로 가격을 통일시켰다.

그리고 포장 세트를 감안한 마카롱 가격을 책정했다. 여러 종류의 마카롱당 개당 가격이 다르면 포장 세트 구성도 힘들어지고, 이래저래 계산도 복잡해져 홀에서 많은 실수가 발생하였다. 그래서 단가를 통일시켜 복잡한 계산을 줄이자 홀에서의 판매가 훨씬 수월해졌고, 통일되지 않은 가격보다 고객들도 더 편리하게 여겼다. 그리고 편리함과 동시에 주문에 따른 짧은 계산 시간이 고객의 대기 시간을 줄이는 예상치 못한 큰 효과를 얻었다.

또한, 포장 세트 가격 책정을 감안한 마카롱 한 개당 통일된 가격은 매우 중요한 의미가 있었다. 마카롱을 1,900원에 판매할 때쯤에도 6구 포장 세트와 10구 포장 세트 2가지가 있었다. 개당 마카롱 가격 1,900원이니 6구 포장 세트가 12,000원이고, 10구 포장 세트가 19,000원이다. 6구와 10구 모두 1만 원대에 형성되어 1만 원 초반과 1만 원 후반의 포장 세트 가격으로 결정할 수 있었다. 당시 6구와 10구를 구매하는 고객들로서는 큰 부담 없이 선택할 수 있는 가격이었다.(6구 포장 세트에는 포장 비용이 조금 플러스되는 셈이고 10구 포장 세트는 포장비 서비스)

그런데 만약 마카롱 한 개당 가격이 2천 원이라면 6구 포장 세트가 13,000원이고, 10구 포장 세트가 20,000원으로 책정되었을 것이다. 13,000원과 20,000원의 차이는 꽤 크다. 이럴 경우 10구보다 6구가 훨씬 많이 나가는 상황이 되었겠지만 10구의 판매율은 매우 저조했을 것이다. 하지만 개당 1,900원에 가격을 결정함으로써 6구보다 10구 판매가 더 많이 되는 전략을 고수했다. 실제로 당시 10구 판매가 6구를 훨씬 앞질렀다.

얼마 지나지 않아 물가 상승과 인건비 상승으로 인해 부득이하게 가격을 인상해야 했다. 그 다음 마카롱 개당 가격은 2,200원이었다. 6구 포장 세트 가격은 14,000원, 10구 포장 세트는 22,000원이 되었다. 고객 입장에서 1만 원 중반과 2만 원 초반의 가격으로 세트를 구매할 수 있도록 최대한 고려한 가격 책정이었다. 이때부터 6구 포장 세트가 훨씬 많이 판매되었다. 어느 정도 예상을 했지만 가격 하나만으로 고객들은 민감하게 반응한다는 사실에 가격 정책의 중요성을 새삼 느꼈다.

1천 원 할인 효과

현재 마카롱 개당 가격은 2,400원으로 6구 포장 세트는 15,000원, 10구 포장 세트는 24,000원이다. 이번에는 10구 포장 세트에 1천 원 할인 전략을 시도해보았다. 고객들은 1천 원 할인이 있는 10구 포장 세트를 많이 선택했을까? 6구 포장 세트를 많이 선택했을까? 앞서 마카롱 개당 2,200원일 때와는 달리 10구 세트도 6구 세트만큼이나 판매율이 좋았다. 거의 균등해진 것이다. 만약 당신이 운영자인데 1천 원 할인을 하고 10구를 더 많이 판매할지, 할인을 안 하고 6구를 판매할지 선택해야 한다면 어떻게 하는 것이 최선일까? 독자 여러분의 결정에 맡겨두겠다. 오랜 시간 10구 포장 세트의 1천 원 할인으로 인해 고객들이 10구도 많이 비싸지 않다는 인식을 고객들에게 심어준 것 같다. 최근에는 아메리카노 테이크아웃의 경우 마카롱 하나를 서비스로 하고, 쿠폰제를 시행하면서 10구 포장 세트의 할인은 종료하기로 했다.

최저 시급이 크게 상승했지만 2019년 11월 현재 마카롱 개당 가격은 2,400원을 고수하고 있다. 만약 마카롱 가격이 2,500원이 넘어간다면 포장 세트 가격도 변경될 수밖에 없다. 2,600원으로 인상되었을 때 포장 세트 가격을 계산해보면 6구 16,000원, 10구 26,000원이 될 것이다. 현재 판매되는 포장 세트 가격 15,000원과 24,000원으로 본다면 1천 원과 2천 원 차이지만 고객 입장에서는 꽤 큰 차이다. 왜냐하면 각각의 포장 가격이 1만 원과 2만 원 중반으로 넘어가기 때문이다. 이번 만큼은 단순히 1~2천 원의 문제가 아니다. 마카롱의 소비를 줄이게 만드는 가격이 될 수 있다는 판단에 당분간은 인건비가 오르고 재료비가 올라도 2,400원의 가격을 최대한 고수할 예정이다. 가격을 올림으로써 고객이 지갑을 닫을 것이냐의 문제는 가게의 성패를 좌우하기 때문에 쉽게 결정할 사안은 아니다. 아무 생각 없이 남들이 올리고, 최저 시급이 올랐으니 무작정 가격부터 인상하는 것은 바람직하지 않다.

다른 디저트인 다쿠아즈도 현재 2,900원인데 개별 가격이 3천 원을 넘어가면 고객들로 하여금 비싼 디저트라는 인식을 줄 수 있기에 3천 원을 넘기지 않고 있다. 15,000원인 5구 포장 세트도 있기에 다쿠아즈 개당 가격 인상 역시 매우 조심스럽다. 왜냐하면 1만 중반대라는 15,000원의 가격 저항선은 고객들에게 큰 부담으로 작용하지 않기 때문이다. 다쿠아즈의 경우는 5구 포장 세트를 위해서 5가지 종류만 생산한다는 점도 간과할 수 없다. 이처럼 상품의 종류와 가격 책정, 생산 등은 하나의 문제가 아니라 모두 유기적으로 연결하여 생각하고 선택해야 한다.

제품을 잘 만들었다고 끝나는 것이 아니다. 낱개 2~3개를 구매하러 왔다가 6구 포장 세트를 구매하고, 6구 포장 세트를 구매하러 왔다가 10구 포장 세트를 구매할 수 있도록 만들어야 하며, 그것이 그 가게만의 전략이 되어야 한다.

가게 운영의 비밀, 일곱

홍보 4종 세트

디저트를 구매하는 고객 한 명 한 명이 우리의 영업사원이다. 방문하는 고객들이 결국 또 다른 고객을 불러들이는 기회라고 생각해야 한다. 요즘 고객들의 구매 후 패턴을 보면 디저트를 먹으면서 매장 안에서 사진을 찍거나 매장 밖의 예쁜 장소에서 디저트와 함께 자신의 일상을 사진에 담는다. 심지어 디저트를 전리품처럼 모두 꺼내어 자신의 일과를 멋진 인증샷으로 남긴다. 그렇다면 우리는 여기서 어떤 생각을 해야 할까? 고객이 곧 영업사원인데 소중한 우리의 가게를 알릴 수 있는 무언가를 함께 동봉해야 하지 않을까? 프앙디는 홍보 4종 세트를 제작하여 주문한 마카롱과 함께 넣는다. 고객이 찍은 사진 한 장에 그 디저트가 어디에서 산 것인지 한눈에 알 수 있게 만든 것이다.

마카롱 종류 엽서, 보관법 명함, 일러스트 스티커, 투명 비닐백을
소개하면 다음과 같다.

마카롱 종류 엽서

판매되는 마카롱 종류가 20가지나 되다 보니 고객들이 선택한
마카롱이 어떤 맛인지 집에 가서 헷갈려하는 분들이 많았고, 마
카롱을 선물할 경우에도 꼭 필요한 아이템이라고 생각했다. 일러
스트로 예쁘게 디자인하여 여러 종류를 설명하고, 뒷면에는 프앙
디에서 판매되는 디저트를 예쁘게 손그림으로 그려 넣어 디저트
감성을 살렸다. 다쿠아즈 역시 어떤 종류인지 마카롱과 함께 친
절하게 소개되어 있다.

보관법 명함

마카롱, 다쿠아즈를 보관하는 방법을 정확히 아는 고객들이 적어 디저트를 최상의 상태에서 드시지 못하는 것을 확인하고, 보관 방법에 대한 내용을 명함 사이즈로 제작했다. 뒷면에는 프앙디 애칭인 '디저트는 먹고 댕기니?'를 활용하였다.

일러스트 스티커

박스 포장 시 디저트를 돋보이게 하는 '디저트 리스'를 일러스트로 의뢰 제작하여 박스 포장 시 테이프 대신 일러스트 스티커를 활용하여 마케팅 효과를 톡톡히 보고 있다.

투명 비닐백

상호와 애칭인 '디저트는 먹고 댕기니?-프앙디'를 제작하여 예쁘고 알록달록한 디저트를 투명한 쇼핑백에 넣어 디저트가 돋보이도록 만들었다. 이 투명 비닐백을 들고 어디를 가더라도 프앙디의 디저트임을 알 수 있다. 성실한 영업사원이 따로 없다.

마카롱 종류 엽서, 보관법 명함, 일러스트 스티커, 투명 비닐백 어느 것 하나 계산되지 않은 것이 없다. 우연히 맞아 떨어진 것이 아니라 처음부터 고객 한명 한명이 걸어다니는 간판이라고 생각하고, 그 기회를 놓치지 않으려고 애썼다. 얼마 전 지하철을 타고 퇴근한 적이 있었는데, 프앙디의 비닐백을 들고 있는 고객을 보니 그렇게 흐뭇할 수가 없었다. 방문한 고객들을 상대로 우리 매장을 홍보하는 건 아주 적은 비용으로 효과를 극대화하는 유일한 마케팅이다. 별거 아닌 것 같지만 아이디어 하나하나가 모여 큰 홍보 효과를 얻어낼 수 있다는 점을 명심하자.

가게 운영의 비밀, 여덟

홀 디저트 매뉴얼

주방에서 각고의 노력으로 디저트를 만들었는데 제대로 된 포장, 제대로 된 판매가 이루어지지 않는다면 모두 헛수고로 돌아간다. 홀 역시 만들어지는 디저트의 특성에 대해서 이해해야 하고 디저트를 올바르게 판매해야 한다. 마카롱의 유통 기한은 냉장 일주일, 냉동 한 달을 기한으로 한다. 마카롱팀에서는 밀폐용기에 마카롱을 잘 담아 홀로 넘긴다. 홀에서는 하루 수천 개가 되는 양의 마카롱, 다쿠아즈를 일일이 포장해야 하며 제조일자, 포장 담당자, 포장 개수까지 모두 작성하여 보관하도록 매뉴얼로 정해두었다.

다른 디저트 카페의 경우 마카롱을 거의 개별 포장하지 않는다. 개별 포장 시간도 만만치 않게 걸리고, 개별 포장 시 사진을 찍으면 비주얼이 떨어지기 때문이다. 그렇지만 프앙디는 이물질 검사와 함께 개별 포장을 하고 있다. 마카롱을 생산하여 처음 판매를 시작하였던 이전 카페 때부터 그렇게 하였다. 마카롱은 냄새와 습도에 민감하다. 개별 포장하지 않으면 냉장고의 냄새와 습도가 마카롱을 변화시킨다. 처음부터 마카롱을 개별 포장하였기에 어려움은 없었다. 처음부터 기본을 지키면서 시작했기 때문이다. 하지만 언젠가부터 마카롱을 포장하지 않는 가게들이 늘어나면서 오히려 마카롱을 위생적으로 개별 포장하는 프앙디는 고객의 지지와 응원을 받았다. 다른 곳은 개별 포장하지 않는데 이곳은 개별 포장해서 좋다고 말하며, 보관이 용이해서 나중에 먹기도 편하다는 피드백이 이어졌다.

수천 개를 개별 포장하는 데에는 어마어마한 시간이 소요된다. 그렇지만 반드시 해야 하는 일이다. 위생뿐만 아니라 고객들이 집으로 가져갈 때 공기 접촉을 최소화하여 변질을 방지하기 위해서이다. 일손이 모자란다고 개별 포장을 안 하거나 비주얼이 떨어진다는 이유로 개별 포장하지 않으면 안 된다. 쇼케이스에도 개별 포장 없이 진열되면 마카롱 상태가 많이 바뀔 수 있다. 쇼케이스는 바람으로 온도를 유지하기 때문에 건조할 경우 겉면이 마르고 딱딱해질 수 있으며, 24시간 쇼케이스가 작동되지 않기 때문에 제상 시간(쇼케이스에 DF라고 표시됨)이라는 게 필요한 것이다. 제상 시간에는 바람이 나오지 않기 때문에 순간적으로 쇼케이스 안이 습해질 수도 있다. DF상태일 때 마카롱이 일시적으로 습기를 빨아들여 *꼬끄*가 수분을 머금게 될 수도 있다는 얘기이다.

온전히 제품을 100% 완벽한 제품으로 판매하려면 개별 포장은 필수다. 민감한 마카롱을 생산하는 디저트 카페는 개별 포장은 선택이 아닌 필수가 되어야 한다.

그리고 디저트를 함께 포장하면서 프앙디는 작은 명함과 엽서를 함께 제공한다. 작은 명함에는 '마카롱, 다쿠아즈 냉장 보관! 필링이 녹은 상태에서 드시지 마세요! 반드시 냉장 또는 냉동 보관 후에 드세요. 10분 상온 해동'이라는 문구가 있고, 엽서에는 18가지의 마카롱과 5가지 다쿠아즈의 종류를 설명해놓았다. 오픈 초기에는 따로 명함을 제공하지 않았으나, 차갑게 먹어야 하는 마카롱과 다쿠아즈의 특성을 모르고 필링이 다 녹은 상태에서 드셔서 본연의 맛을 전혀 느끼지 못하는 고객들이 많다는 것을 인지하고 바로 명함을 주문 제작하였다. 마카롱도 종류가 너무 많아서 어떤 마카롱인지 한눈에 알아보기 힘들기에 엽서를 제공하여 소비자의 만족도를 높일 수 있었다.

제품을 만들기만 했다고 역할을 다한 것이 아니다. 고객들이 댁까지 잘 가지고 가서 가장 안전하게 가장 위생적으로 드실 수 있도록 하기 위해서는 홀에서도 디저트 관리를 매뉴얼대로 실행해야지만 가능하다. 혼자 일하니까 시간이 없어서, 귀찮아서 개별 포장하지 않는 것은 있을 수 없다. 혼자일수록 작은 가게일수록 기본적인 부분이 더 철저해야 더 많은 고객을 확보하면서 큰 성장을 이루어낼 수 있다.

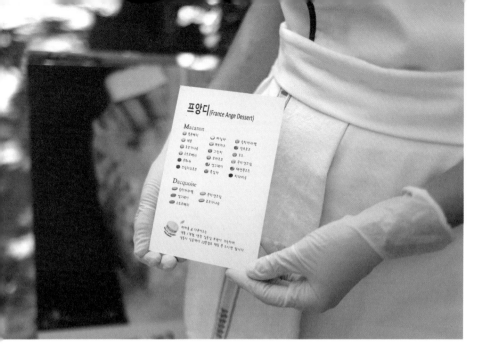

'남들도 안 하니, 나도 안 해도 되겠지.'에서 '남들이 안 하니까, 내가 해보자.'라고 바꿔서 생각해보자. 아무리 완벽하게 만든 제품도 관리를 잘못하면 엉망이 되어버린다. 디저트 관리는 손이 많이 가는 일이지만 작은 부분까지 놓치지 않고, 고객들을 위하는 것이라고 생각해야 한다.

남들과 다르게 생각해야 성공할 수 있다.
나 역시 다르게 생각하고 다르게 행동했다.
그래서 고객의 신뢰를 얻고 수많은 고객을 단골로 만들 수 있었다.

가게 운영의 비밀, 아홉

대박 마카롱 카페의 환상

마카롱이 급성장한 이유에는 SNS(소셜네트워크 서비스)가 큰 역할을 했다. 알록달록 예쁘고 먹음직스러운 마카롱은 소비자의 구매 유혹을 흔들기에 충분했다. 맛도 맛이지만 사진이 멋지게 나오는 곳에 잘 어울렸고, 예쁜 곳을 선호하고 감성 사진을 잘 찍는 인플루언서들에게 사랑받는 아이템이었다. 마카롱은 눈으로 먼저 먹는 디저트이다. 그러니 그 어떤 디저트도 비주얼을 따라갈 수가 없다. 다른 디저트에 비해서 젊은 소비층이 먼저 선호한 이유일 것이다. 마카롱 카페를 운영하는 사람들의 연령도 20대 중반~30대 초반 정도로 젊은층이 많다. 이들은 SNS를 잘 활용하고 마케팅을 적극적으로 활용하기 때문이다.

하지만 앞서 알려드린 대로 마카롱 카페의 경우 일주일에 2~3일만 오픈하고, 오픈을 해도 영업 시간이 길지 않다. 하루 판매할 양을 모두 판매하면 품절을 공지한다. 이게 요즘 젊은 사장님들의 영업 전략이자 트렌드이다. 고객의 입장에서 볼 때 마카롱 카페를 운영하면 일주일에 3~4일만 일하고, 영업 시간도 5시간 내외니 그 어떤 직업보다 자유롭게 여겨진다. 마카롱의 단가가 비싼 편이기도 하고, 특히 뚱카롱이라는 이유로 3천 원에 육박하니 하루에 300개만 팔아도 90만 원, 일주일에 3일을 오픈한다는 가정하에 한 달로 치면 1천만 원이 넘는다. 단순 계산으로 인해 마카롱 카페들이 수고에 비해 굉장한 고수익을 올린다고 착각하게 된다. 하지만 일주일에 3일만 열고, 영업 시간도 몇 시간 안 되는 곳들은 큰 수익을 올릴 수 없다. 그런데 고객들이 착각할 수밖에 없는 이유가 매장 앞에 줄 서 있는 고객들의 모습과 매장 안 포스 앞에 마카롱을 사려고 인산인해를 이루는 모습을 캡처해서 올리는 홍보 전략을 취하고 있기 때문이다.

> "
> 이처럼 마카롱 카페를 시작만 하면
> 손쉽게 돈을 벌 수 있고, 누구나 다 대박집이 될 수 있다는
> 착각을 불러일으킨다.
> "

현장 경험 없는 사장님들이 쉽게 오픈하다 보니 매장에 무슨 일만 있으면 휴무를 공지하고 몇 주 동안 해외로 여행가며 방학에는 장기 휴무를 다녀오기도 한다.

SNS로만 보면 마카롱으로 돈 벌어 럭셔리하게 여기저기 자유롭게 여행을 다니는 삶을 동경하게 되고, 나도 마카롱 카페를 한번 운영해볼까! 하는 환상을 가지게 된다.

일부 마카롱 카페는 전화가 없는 곳도 있다. 문의 사항이 있으면 이메일로 문의하라고 공지하고 있는데, 장사의 기본 중에 기본도 안 된 곳이라 생각한다. 아무리 SNS로 마케팅을 한다고 해도 SNS하는 사람만 마카롱을 사 먹으라는 법이 있는 것도 아니고, SNS를 하지 않는 사람은 어떻게 휴무를 알며 어떻게 품절을 알고 방문을 하겠는가! 아무리 세상이 변해도 기본은 지켜야 한다고 생각한다. 고객이 매장 오픈 날 길을 헤맬 수도 있고, 어떤 마카롱이 품절인지 문의를 할 수도 있다. 그리고 매장이 오픈했는지 문의할 수도 있으며, 제품을 구매했는데 직원의 실수로 다른 디저트로 잘못 포장했을 수도 있다. 어떻게 모든 걸 이메일로 문의할 수 있다는 말인가! 이런 디저트 카페는 절대 오래가지 못할 것이라고 장담한다. 한두 번은 고객들이 방문할 수 있지만 언젠가는 고객이 등을 돌릴 수밖에 없다.

기본이 이긴다

아무리 세상이 변해도 고객은 안 변한다. 최소한의 서비스는 지켜야 한다고 생각한다. 세대가 바뀌어도 고객이 불편 없이 제품을 구매할 수 있도록 최소한의 서비스는 해야 한다. 그래서 매장에서는 어떤 일이 발생할지 모르기 때문에 항상 대비하도록 한다.

포스가 망가진다거나 반죽기가 고장날 경우, 오븐이 작동하지 않거나 냉동고가 고장날 경우 등 어떤 경우의 수도 열어두고 대비해야 한다. 그리고 고객들이 언제든지 찾아올 수 있도록 매장의 문은 항상 오픈되어 있어야 하고, 고객이 문제없이 구매할 수 있게끔 제품은 항상 비치되어 있어야 한다고 생각한다.

매일 마카롱을 사겠다는 고객들이 줄을 서 있으면 최대치의 제품을 만들어서 모든 고객들이 제품을 구매할 수 있도록 만들어야 한다. 생산 라인을 체계화하여 대량 생산을 할 수 있는 시스템을 구축하면 된다. 같은 인원으로 근무시간 내에 최대 물량을 뽑아낼 수 있는 비결을 찾아야 한다. 나는 구세대적인 방법을 선택해서 다른 디저트 카페에서는 감히 상상할 수 없는 매출을 올렸다. 남들과 똑같아서는 절대 안 된다. 현재 한국에서 독보적인 1위를 달리고 있는 스타벅스가 매장 평균 월 매출 8,500만 원에 연 매출 10억 원 정도이니 그에 버금가는 프앙디의 매출은 큰 자부심이라고 생각한다. 대형 평수인 스타벅스 매장 규모에 비해 프앙디의 테이블은 고작 5개다. 그럼 더 대단한 것이 아닌가! 디저트 카페를 운영해본 분이라면 얼마나 힘든 것인지 알 것이다.

프앙디의 매출은 프앙디에서 근무했던 직원만 알고 있지만 이 책의 출간 기회로 오픈한 셈이다. 테이블 5개로 하루 최고 매출 800만 원, 월 최고 매출 1억 2천만 원, 연매출 11억 원은 감히 상상할 수 없는 금액이다.

우리는 대한민국 최고의 마카롱 카페라고 생각하며 일하고 있다. 남들은 디저트 품절 공지와 휴무를 가질 때 디저트 만들기에 바빠 SNS 홍보 활동도 하지 않았다. 연말 시즌에는 숨 돌릴 틈 없이 고객만을 생각하며 일했다. 누구나 다 대박집이 되진 않는다. 하지만 노력 여하에 따라서 반드시 제2의 프앙디는 나올 거라 믿는다.

가게 운영의 비밀, 열

모든 마음가짐은 복장에서 온다

고객에게 전달되는 이미지는 매우 중요하다. 프앙디는 모든 복장을 체계적으로 관리한다. 주방에서 일한다고 조리복이 지저분하거나 청결하지 못하면 고객에게 신뢰를 얻을 수 없다. 복장은 정갈하고 깔끔하게 갖추어야 한다. 홀 직원은 흰색 셔츠와 검정 베레모, 검정 앞치마를 착용하고, 주방 직원은 흰색 셰프복, 흰색 앞치마, 흰색 베레모와 함께 머리는 깔끔하게 머리망으로 마무리한다. 모든 마음가짐은 복장에서 온다. 정갈한 복장과 갖춰진 모습은 나의 마음가짐 또한 다르게 만든다. 깔끔한 셰프복을 직원당 두 벌씩 지급하고 하의 역시 트레이닝, 레깅스, 반바지, 찢어진 바지 등은 착용을 금하고 있다.

요즘 친구들은 하의에 입으면 다 바지인 줄 알고, 일하기 편하다는 이유로 레깅스나 트레이닝복을 입고 출근한다. 여러 사람이 일하는 장소에서 그것 역시 상당히 민망한 부분이다. 보이지 않는 주방에서 일한다고 아무렇게나 일한다는 건 있을 수 없다. 직업 의식이 있다면 복장부터 철저하게 점검해야 하고, 항상 깨끗하고 정갈하게 갖춰진 셰프복을 착용하고 있어야 한다.

세탁은 회사가

그런데 비싼 비용을 주고 조리복을 지급하였으나 관리 역시 쉽지 않았다. 처음에 직원들이 휴무일에 직접 세탁해 가져오는 것으로 했더니 깜박 잊고 세탁을 못하거나 깨끗하게 다려 입지 않아 구겨진 상태로 착용하여 더 깔끔하지 못한 사태가 발생했다. 직원이 한두 명이 아니니 이것 역시 관리하기 쉽지 않았다. 전 직원의 조리복, 셔츠, 앞치마, 모자 등을 모두 세탁해주기로 결정하였다.

10여 명이 넘는 직원의 조리복은 20~30벌, 앞치마 역시 비슷한 수량이다. 2~3일에 한 번 세탁소에 맡기고, 또 맡긴 세탁물을 찾아오는 이 모든 과정을 내가 직접 한다. 열심히 일한 직원의 옷을 맡기고, 또 새로운 마음으로 매장에 갖다주는 일은 어찌 보면 단순하면서도 귀찮은 일이기도 하지만 10여 명이 넘는 직원들은 편해질 수 있었다. 이런 세세한 부분으로 인해 직원들이 조금 더 일에 집중할 수 있고, 또 편하게 쉴 수 있다고 생각한다.

또한 세탁물을 맡기면서 조리복을 볼 때면 직원들의 노고를 온전히 느끼게 되는 그 시간도 나에게는 배움의 시간이다. 오픈 초기에는 조리복과 앞치마 등을 모두 직접 세탁하고 다림질하여 더 열심히 살아갈 것을 다짐하기도 했다. 그런 마음가짐 하나하나가 모여 우리 가게를 더 단단하게 만들었다고 생각한다. 혼자 운영하는 분들도 일주일에 한 번 조리복을 세탁하고 다림질도 직접하면서 스스로의 노고를 칭찬해보자.

이처럼 프앙디를 깨끗하고 전문적인 이미지로 보여주기 위해서 항상 노력하고 있는 것이다. 누군가에게 형식적으로 보여주기 위한 복장이 아니다. 디저트는 제조와 생산이다. 음식을 파는 곳이라면 당연히 지켜야 하는 기본 중의 기본이다. 고객의 입장에서 생각해보자. 내가 고객이라도 위생적으로 잘 갖춰진 곳으로 디저트를 사러 갈 것이다.

얼마 전 홀 직원의 신발까지 같은 디자인으로 구매하여 지급하였다. 고객들과 가장 많이 부딪치는 직원들인데 신발 또한 제각각이라 이것 역시 통일하면 보기 좋을 것 같아서 결정하게 되었다. 신발까지 지급하니 직원들이 놀란다. 홀 직원은 매장의 얼굴이다. 고객들이 가장 먼저 만나는 직원들이라 이것 역시 신경 쓰지 않을 수 없었다. 직원들의 복장만으로도 매장의 이미지가 결정될 수 있다. 전문가적인 모습으로 비쳐야 고객들도 우리를 믿고 신뢰할 수 있다고 생각한다.

혼자 이루는 것은 없다

지금의 직원들은 두 달에 한 번 문화생활데이를 즐긴다. 개인적으로 월 회비를 걷고 회사에서 매달 10만 원을 지원한다. 직원들끼리 함께 모이기 힘든 특성상 문화생활데이를 적극 지원한다. 문화생활데이에는 영화 관람, 레스토랑 방문 등 평소에 함께하기 힘든 시간을 보낸다. 근무시간 역시 조금씩 조정해준다. 남들 쉴 때 일할 수밖에 없는 이 직업을 가진 직원들에게 회사가 조금이나마 보탬을 주고 싶었다. 두 달에 한 번이지만, 많은 직원들이 감사해하고 즐거워한다. 그렇게 직원들 단합도 하고, 개인적인 얘기도 나누고 회사에 대해서도 논의하고 즐거운 시간을 보내기 때문에 회사 입장에서 보면 꼭 필요한 시간이다. 그동안 갖지 못했던 야외 회식, 전체 회식은 물론이고 직원들끼리 조를 이루어 카페투어 등을 하였다. 카페투어는 2년 전부터 기획했지만, 시간이 나지 않아서 실천하지 못했던 일이다. 10여 명이 넘는 직원들이 함께 움직일 수 없기에 3명 정도 조를 이루어 4번에 걸쳐서 진행되었다. 요즘 트렌드와 다른 매장의 분위기를 느껴보기 위한 일이었다.

이 일을 실천하면서 많은 직원들이 만족했고, 서로 소통하며 어떻게 발전할지 다시 한 번 생각할 수 있는 기회가 되었다. 이 일은 앞으로 계속 진행할 예정이며, 그에 관련된 지원 역시 아끼지 않을 것이다. 회사가 더 안정을 찾고 체계화된다면 소비자에게도 그 혜택을 줄 생각이다. 아무리 오너가 잘하고 직원이 잘한다고 해도 소비자가 없다면 지금의 프앙디는 존재하지 않았다. 그 보답으로 고객에게 무료 베이킹 수업을 진행하고, 지금까지 겪은 사업 노하우나 젊은 친구들이 바르게 성장할 수 있도록 무료 강의도 진행할 예정이다. 회사를 성장시키는 것도 중요하지만 사회에 더 큰 기여를 하고 싶다. 그것이 성공 이전에 할 일이라고 생각한다. 지금의 나는 혼자 이룬 것이 아니다. 많은 사람들이 기도해주었고, 직원들이 함께 노력했고, 고객들이 우리 매장을 아끼고 사랑해주었기 때문이다.

SALTY CARAMEL MACARON

STRAWBERRY TARTE

APPLE MANGO TARTE

DACQUOISE

파트
4

마카롱 3천 개 굽는 셰프의 하루

CHOCOLATE

LEMON MACARON

마카롱 3천 개 굽는 셰프의 하루, 하나

누구 없나요?

목표는 단 하나, 프앙디를 수제 디저트계의 최고로 이끌어내는 것, 그리고 수십 년을 유지할 수 있는 최고의 디저트 회사로 키워내는 것, 그것이 프앙디의 최종 목표이다. 그렇게 만들기 위해서는 혼자만 성실하게 일한다고 해서 절대 이루어낼 수 없다. 어느 정도의 매출, 어느 정도의 기간은 버텨낼 수 있을 것이다. 그래서 나의 목표를 위해서 가장 중요한 인재 발굴에 열중했다. 나를 돕는 직원이 없다면 절대 성공할 수 없다는 것을 깨닫지 못한다면 당신의 가게는 3년 안에 문을 닫을 것이다. 그동안 수백 명의 사람들이 프앙디를 거쳐 갔다고 해도 과언이 아니다. 제대로 된 사람 찾기가 하늘에 별따기였다. 인성을 갖추면서 실력 있는 직원을 찾는 게 너무나 어렵다.

실력이 아무리 뛰어나다 해도 인성을 갖추지 못했다면 조직의 일원으로 함께 일하기 힘들다. 제과를 배우고자 하는 사람들은 많지만 그저 '디저트나 한번 해볼까.'라는 안일한 생각으로 이 일을 시작하려고 한다. 사실 너무 쉽게 생각한 나머지 막상 도전해 보고 이 일에 대한 실력과 열정, 센스는 제쳐두더라도 최소한의 감각도 없다는 사실에 절망하는 경우가 많다. 또한 남들 놀 때 일하고 남들 일할 때 쉬며, 크리스마스, 연말연시, 발렌타인데이, 화이트데이 등 각종 기념일에는 더욱 바쁘며 하루 종일 서서 일하는 직업이라 체력도 강해야 한다.

겉보기에 화려해 보이지만 주방 안은 실로 전쟁터가 아닐 수 없다. 낭만은 없다. 우아하게 커피 한 잔 마시면서 평온하게 디저트 만드는 그런 직업이 아닌 것이다. 그건 영화에서나 가능한 일이다. 이 모든 걸 견디고 성실하게 일하는 인재라면 당연히 투자해야 하고 그 직원이 오랫동안 일할 수 있도록 모든 지원을 아끼지 않아야 한다. 혼자서는 원하는 목표를 이루어낼 수 없다는 것을 진즉에 알고 있었기 때문이다. 요즘 젊은 세대는 1년을 일했다면 장기 근무였다고 말한다. 우리 때만 해도 직장에 들어가면 평생을 근무해야 장기 근무라고 생각했지만 요즘 세대는 다르다. 1년을 일하고 1년 동안 번 돈으로 해외 여행을 즐기고 나만의 시간을 갖는 세대다. 디저트의 특성상 젊은 세대와 일할 수밖에 없다. 1년을 장기 근무라고 얘기하는 이 친구들 중 인재를 찾아서 지금 매장에서 3년, 5년 아니면 더 오랜 시간 근무할 수 있도록 만들어야 한다. 특히나 1~2명이 일하는 가게라도 회사를 운영하는 오너처럼 행동해야 한다.

왜냐하면 적은 인원이 일할 때 가족적인 분위기랍시고 사장과 직원 구분도 없이 일하다 보면 저지르는 실수가 아주 많기 때문이다. 어느 순간 서로가 출퇴근 시간도 어기게 되고 개인적인 일로 쉽게 자리를 비우기도 하며, 위계질서가 없어져 사적인 감정으로 가게 운영에 큰 영향을 미치게 된다. 결국 가능성 있는 인재를 잘못된 운영자 마인드로 망치는 꼴이 된다. 오너는 기본이 된 직원을 실력 있는 인재로 업그레이드시켜 조력자로 만드는 과정을 지속적으로 시도해야 한다. 진정한 조력자가 1명이 아니라 10명이 된다면 100억 매출은 거뜬할 것이다. 직원들이 애사심과 자부심을 갖고 일할 수 있도록 오너가 도와줘야 한다. 가게의 매출이 5억, 10억으로 점점 오르면 오너가 모두 투자하고 기획했으니 모두 내 몫이라는 욕심을 버리고 직원들과 함께 나눈다면 그들은 떠나지 않고 오래 머무를 것이다.

앗, 이 사람이다!

장사가 조금 잘된다고 직원에게 모든 업무를 맡기고 골프를 치러 다니고 차를 바꾸고 외부 활동이 많아지면 많아질수록 매장은 점점 무너진다. 프앙디가 체계를 잡을 때까지는 절대 아무것도 하지 않을 거라고 다짐했다. 매장 오픈 1년, 2년, 그리고 3년. 이제야 내가 안심할 수 있는 정도의 체계를 잡았다. 하루하루 매출은 끊임없이 올랐지만, 매일이 불안했다. 얼마 전까지만 해도 내가 빠진다면 디저트가 제대로 생산되지 않았고, 홀 서비스 역시 엉망이 될 수밖에 없었다. 왜냐하면 믿고 맡길 인재가 없었기 때문이다.

인재를 발굴해낸다는 건 쉽지 않은 일이다. 처음 디저트 카페를 오픈하여 직원을 채용할 때 전공자가 아니어도 열정만 있다면 할 수 있을 거라는 생각으로 비전공자들을 위주로 채용했다. 아무런 발전 없이 1년이 흘러갔다. 직원들은 전공도 아니었기에 퇴사 결정도 쉬웠다. 직원은 하나둘 늘어가는데 일은 혼자 다하고 있는 상황들이 연출되고, 마인드도 안 되고 인성도 안 된 직원들과 언제까지 이 일을 함께 할 수 있을까 걱정이 들었다. 나와 같은 마음으로 일하는 사람을 찾는다면, 함께 같은 곳을 보고 걸어갈 직원이 있다면, 우리 회사의 미래를 위해서 언제든지 아낌없이 투자하리라고 마음을 먹었다. 그렇지만, 그런 사람은 쉽게 나타나지 않았다.

모든 걸 포기할 무렵, 자포자기 심정으로 면접을 보고, 처음으로 '앗, 이 사람이다!'라는 직원이 나타났다. 3시간의 면접을 마치고, 함께 일하자는 나의 제안을 '연락 드리겠습니다.'라는 대답으로 나를 긴장시킨 사람이 지금의 점장이다. 22살 때부터 매니저를 시작해 냉철한 판단과 카리스마로 주방의 분위기를 압도하는 그녀다. 지금의 프앙디가 있기까지 그녀가 큰 역할을 했다. 직원은 많았지만 많은 걸 직접 도맡아 해야 하는 상황에서 면접이나 타르트팀 전담 업무를 줄인 것만으로도 큰 짐을 덜어낼 수 있었다. 그리고 나와 같은 생각을 가진, 프앙디를 365일 생각하는 직원이 한 명이 아닌 두 명으로 늘어난 상황은 매장의 모든 부분에서 엄청난 성장과 함께 그 효과가 컸다.

르꼬르동블루 학비 지원

점장 채용 1년의 시간이 흘러, 이런 직원이라면 어떤 지원을 해도 아깝지 않을 사람이라는 생각이 들었고, 어려운 결정을 내렸다. 120년 전통의 프랑스 요리학교 르꼬르동블루 제과 과정에 입학시키기로 했다. 학비만 2천 2백만 원에 초급, 중급, 상급으로 나눠진 총 9개월 간의 투자를 하기로 했다.

현장에서만 쌓아온 실력으로는 오래 지속될 수 없다는 걸 나도 알고, 점장도 인지하고 있었다. 전문학교 2년을 졸업한 직원이지만, 그보다 더 전문적인 지식과 커리어가 필요했다. 현장에서 다진 실력으로 여기까지 왔다면 탄탄한 기본기와 전문적인 지식이 플러스가 된다면 지금까지 쌓은 경험을 토대로 더 원대한 꿈을 이룰 수 있을 것이라고 믿었다.

하지만 주변에서 우려하고 걱정했다. 지금도 잘되는데 왜 그 비싼 학교를 가느냐. 아니, 그것도 본인이 아니라 왜 직원을 보내느냐고 걱정 어린 시선을 보냈다. 그 직원이 퇴사하면 아무 의미 없는 지원이 아니냐며 묻는다. 학비 지원을 결정하기 전 스스로 마음을 다잡았다. 혹시라도 그 모든 과정을 수료하고 바로 퇴사한다 하더라도 아깝지 않을 직원, 만약 그렇게 한다 해도 성실하고 열정적인 직원에게 장학금을 주었다고 생각하기로 마음먹었다. 학교에서 배운 지식을 바탕으로 더 좋은 곳에서 활동하고, 더 나아가 대한민국 디저트 시장을 이끌어간다면 그보다 더 뿌듯한 것이 어디 있으랴! 그래도 마음으로는 알아줄 거라 생각한다.

프앙디 오너셰프가 지원을 아끼지 않으셔서 내가 성장할 수 있었다는 마음만 있다면 충분하다고 생각했다.

점장이 르꼬르동블루에 입학하면서 매장에도 많은 변화가 있었다. 직원들을 위해 아낌없이 지원하는 모습을 실제로 보여주니 함께 일하는 직원들 역시 더 열심히 일하는 결과가 나타났다. 그리고 교육과정에서 배우는 것들을 함께 공유하고 배움으로써 좀 더 탄탄한 디저트 카페로 한 걸음씩 성장해나가고 있다. 지금은 여유가 되지 않아서 못하고 있는 사내 클래스도 월 1회 정기적으로 운영할 계획이며, 전 직원이 함께 발전하는 회사로 키우고 싶다. 그래야 우리가 최고의 디저트 카페로 우뚝 설 것이 아닌가. 단 몇 년을 위해서 일하는 게 아니다. 10년, 더 나아가 50년, 100년이 넘도록 오래하고 싶다.

이 일이 내 평생 직업이라고 생각하기에 아직 세상은 살 만하다고, 열심히 살면 좋은 기회가 반드시 온다는 것을 열정 있는 친구들에게 보여주고 싶다. 힘든 일이 생길 때마다 항상 나를 위로하고 건강부터 챙기라며 내 곁에서 오른팔 역할을 든든히 해내는 점장이 없었으면 정말 힘들었을 것이다. 직원이 내 가게처럼 일한다는 것은 참으로 어려운 일이다. 나를 믿고 따라주는 조력자가 있다는 것은 가게의 성공이자 내 인생의 성공이다. 그녀를 필두로 주방의 체계는 시간이 지날수록 잡혀갔고, 홀 관리자를 채용함으로써 부족했던 홀 서비스도 점점 안정화되면서 완벽한 프앙디가 되고 있다. 이제, 점장과 우리 직원들과 함께라면 어떤 고난과 두려움이 닥쳐도 이겨낼 자신이 있으며, 내 꿈인 공장형 디저트 전문점을 런칭하여 반드시 성공할 수 있으리라 본다.

지금의 프앙디는 그 단계로 가기 위한 발판이며, 이제 시작이라고 생각한다. 지금 전반적인 경제 상황과 시장 분위기가 좋지 않아 잠시 쉬어가는 타이밍이라 생각하고 내실을 다지고 있다. 그동안 전력 질주로 100미터 달리기 하듯 쉼 없이 뛰어왔다. 직원들 역시 지난 시간 나와 함께 프앙디의 성공을 위해서 내 일처럼 일해주었고, 모두에게 휴식의 시간이 필요하며, 그 휴식의 시간을 나는 아낌없이 지원할 것이다. 그저 돈만 벌기 위해 매일 출근하고 퇴근하는 장소가 아닌 함께 성장하고 꿈과 희망이 있는 직장을 만들고 싶다. 그래야 우리가 최고의 회사로 도약할 수 있다고 믿는다. 인재를 육성한다는 건, 한 사람의 성장이 아니라 회사의 성장이다.

마카롱 3천 개 굽는 셰프의 하루, 둘

.
.
.
.
●

고객 입맛을 모두 맞출 수는 없다

가게를 오픈하고 고객의 반응을 보면 성공 여부가 하나둘씩 보이므로 직간접적으로 고객의 반응을 철저히 체크해야 한다. 제품을 구매한 고객이 자발적으로 일주일 안에 매장을 재방문한다면 긍정적인 반응으로 보고, 단골 고객 확보로 전환해야 한다. 이때 신규 고객 이상으로 신경을 써야 한다. 그리고 처음 방문한 고객에게는 "맛있게 드셨나요?"라고 질문하면서 맛에 대한 피드백을 받도록 한다. 그렇게 한 분 한 분 여쭤보면 맛과 서비스 등의 평가가 반드시 나오게 되어 있다. 물어보기 곤란한 상황이라면 고객들의 표정만 봐도 쉽게 알 수 있어 좋든 싫든 그 표정을 반드시 기억하도록 한다. 맛있게 먹고 있는지, 유쾌한 표정이 아닌지, 남기지는 않았는지, 부족한 서비스가 없었는지, 고객의 감정을 상하게 하지는 않았는지 등 떠나는 순간까지 잘 체크해야 한다.

그렇다면 고객들에게 어느 정도의 만족을 주어야 맛있다는 칭찬을 들을 수 있을까? 오로지 맛의 기준으로 판단한다면 모든 기준은 직원들의 보통 입맛에서 나온다. 10명의 직원 중 70%가 맛있다!라고 평가한다면 되었다고 생각한다. 그리고 디저트 카페의 맛은 비주얼, 가격 등 다른 서비스나 조건들에 의해 좌우된다는 사실도 명심해야 한다.

가게를 혼자 운영하는 분들은 디저트를 만들어 지나는 고객에게 피드백을 받아보자. 지인들은 어떤 걸 주어도 맛있다고 얘기할 확률이 매우 높다. 객관적인 평가를 할 수 있는 일반적인 고객의 입맛을 기준으로 시식을 진행해야 한다. 아마 디저트가 맛있다면 그 디저트를 시식한 고객은 바로 신규 고객으로 바뀔 확률이 높다. 디저트를 시식하고 피드백을 받아 조금씩 변화를 주어 '10명 중 7명의 고객을 만족시켜보자.'라는 마음으로 접근하자. 이런 시도조차 두렵다면 당신은 성공할 수 없다고 단언한다. 길거리에 좌판을 깔아 판매해서라도 성공해야 한다는 독한 마음가짐이 필요하다.

맛은 환경에 따라 주관적이다. 내가 만든 제품이 가장 맛있다고 생각되지만 고객들은 최악의 디저트라고 얘기할 수도 있고, 어떤 고객은 너무 달아서 맛이 없다, 또 어떤 고객은 최고의 디저트라고 말할 수도 있다. 10명의 고객 중 7명이 '여기 괜찮은데.'라고 생각한다면 성공한 맛이라 생각한다. 100명의 고객 모두의 입맛을 맞출 수는 없다. 평균을 벗어난 고객들의 입맛은 과감히 포기해야 한다.

오늘 하루도 동요하지 않을 것

과거 기본도 모르는 최악의 디저트 카페라는 후기 글이 SNS에 올라와 있었다. 글을 읽어보았지만 크게 신경 쓰지 않았다. 솔직히 기분 좋은 일은 아니지만 그렇다고 그 글에 댓글을 달거나 기분이 우울해지는 일은 없었다. 그 후기를 본 직원이 "셰프님 속상하지 않으세요?"라고 말하자, "그런 글 하나하나 신경 쓰다 보면 내 기준이 흔들리는 것은 물론이고, 고객 한 명의 기준에 따라 디저트를 만든다면 오히려 만족하고 있는 70%의 고객들에게 역효과가 날 수 있다."고 단호하게 얘기했다. 30%의 고객은 과감히 포기할 줄 알아야 한다.

언제나 최선을 다하고 다른 디저트 카페보다 청결하게 디저트를 만들며, 자신 있게 내 자존심을 걸고 디저트를 만들고 있다면 그런 댓글에 전혀 동요할 필요도 없고 부끄럽지도 않다. 그냥 마음 편히 우리 가게를 시기하고 질투하는 악의적 글이라고 스스로를 위로하는 편이 낫다. 진실이든 아니든 상관없다. 우리는 모든 고객을 만족시킬 수 없다는 것을 인지해야 하고 그런 일들로 흔들려서는 안 된다. 내 제품에 대한 자신감을 가지고 평균 이상의 입맛만 맞추면 된다. 평균 이상의 벗어난 입맛이라면 성공하지 못할 것이고, 지금의 위치까지 오를 수 없었을 것이다. 과감한 포기는 때론 사업에 큰 도움이 된다. 자신감만이 살 길이다. 지금 최고의 디저트를 만들어내고 있다고 확신해야 한다. 그저 마음만 그런 것이 아니라 실제로 그렇게 만들어내기 위해서 매일매일 최선을 다해서 노력해야 한다.

"

성공이라는 녀석은 우리에게 쉽게 잡히지 않는다.
긴 세월의 고생과, 젖 먹던 힘까지 끌어내 노력하고,
홀로 긴 외로움을 견뎌내고, 현장에서 노하우를 쌓아가고
매일 열정을 가지고 최선을 다해야 비로소 우리에게 주어지는
것이다. 한두 가지만 잘한다고 되는 것도 아니다.
고객은 그렇게 쉽게 지갑을 열지 않는다.

"

마카롱 3천 개 굽는 셰프의 하루, 셋

.
.
.
.

●

명품 가방에 해외 여행?

돈이 어느 정도 잘 벌린다고 해외 여행 다니고, 수입차로 바꾸고, 명품백을 구입하는 등 SNS에 보이는 럭셔리한 삶. 당신은 어떻게 생각하는가? 사생활도 어느 정도 필요하다고 보지만 나락으로 떨어지는 것은 한순간이다. 다들 '난 아니야!'라고 말하지만 삶의 희비가 교차하는 것은 어느 누구도 예외일 수 없다. 어느 분야든 안정기와 성장 가도를 달릴 때 더욱 주위를 살피고 고객을 위해서 어떤 좋은 서비스를 할 수 있을지 생각해봐야 한다. 나는 아직도 오븐을 한 대 더 늘려볼까? 아니면 인원을 충원해서 매장 서비스의 질을 더 향상시켜야 하지 않을까? 늘 고민하고 고민한다. 갑작스럽게 발생할 수 있는 여러 요인들을 체크하여 준비하는 것도 잊지 않는다.

왜냐하면 고객들은 '그럴 수도 있지.'라며 모든 걸 이해해주지 않기 때문이다. 핑계나 변명은 가정에서나 통하는 일이다. 그런 일이 한 번 두 번 많아질수록 고객과의 약속을 어기는 것이며, 어느 순간 단골 고객에서 이탈하는 숫자가 급속도로 늘어나는 것을 여러 업종의 대박집에서 보고 배웠기 때문이다. 혼자 하는 매장일수록 고객과의 신뢰를 더욱 체크하고 챙겨야 한다. 그것이 무엇이든 간에 최선을 다해서 약속을 지키는 모습을 보여야 고객은 우리를 믿고 매장을 찾아온다. 앞서 말한 대로 맛만 있다고 되는 것이 아니라 구매까지 이루어지기 위해서는 그 매장을 믿고 신뢰해야 한다는 점을 잊지 말아야 한다. 그리고 규모와 상관없이 조그만 가게 하나를 운영하기 위해서는 그 분야에서 전문가가 되어야 한다. 또한 오너는 매장업무의 전반적인 모든 것을 숙지하고 있어야 어떠한 위험 상황에도 대처할 수 있으며 고객과의 신뢰를 지켜낼 수 있다. 오너가 주방 업무를 모르고, 홀 체계에 대해서 모른다는 것은 말이 안 되는 일이다. 뭐든 다 이해하고 흐름을 파악하여 요소요소 발생하는 문제점들을 잡아내야 한다.

망하는 지름길

장사가 좀 잘된다고 직원에게 모두 맡겨버리거나 예전과는 다르게 직접 주방 일을 하지 않으면서 '직원들이 알아서 하겠지.' 안심하는 것은 망하는 지름길이다. 홀 업무도 마찬가지다. 홀 직원이 고객과의 소통을 여전히 잘 하고 있는지 어떤 점을 보완해야 하는지 모두 체크하고 있어야 한다. 왜냐하면 직원이 모든 걸 받아들이고 알아내긴 힘들기 때문이다.

모든 업무는 오너가 경험하고 느끼면서 부족한 부분을 채워야할 의무가 있다. 그렇게 속속들이 모든 것을 알고 있어야 매장 체계를 잡으면서 지속적인 매출을 유지할 수 있다.

익선동 가게를 오픈할 때 모든 인테리어는 나와 남편이 직접 맡아서 했다. 페인트 칠에 목수 일까지 어느 것 하나 우리의 의견이 들어가지 않은 것이 없다. 매장 컨셉, 주방 위치, 메뉴 선정, 테이블 배치, 홀 관리 등 100가지 일이 일어나면 그 모든 것을 숙지하였다. 오픈 이후에도 주방이나 홀에 관한 일을 직원에게만 맡기지 않았고, 어떤 질문이 오더라도 막힘없이 고민하고 해결했다. 조그만 구멍 가게를 하더라도 내가 감히 상상하지 못했던 수백, 수천 가지의 일들이 발생한다. 주방 직원이 내일 당장 출근하지 않거나 홀 직원이 갑작스러운 사고로 다치거나 기계가 고장나서 얼음이 생산되지 않거나 만들어놓았던 디저트를 판매할 수 없거나 고객들이 갑작스럽게 몰려오는 등 직원으로는 감당되지 않는 일들이 3년 동안 하루도 빠짐없이 다양한 형태로 일어났다.

오너는 모든 경험을 해야 하고, 최악의 상황까지 대비하고 준비해야 한다. 문제점을 발견하고 대책을 세워야 하고 해결책을 찾아야 한다는 것이다. 매장이 아무 문제없이 돌아갈 수 있게끔 지휘, 감독하는 것이다. 오너가 모른다면 그 매장은 절대로 오래 유지될 수 없으며, 직원들이 절대로 회사를 신뢰할 수 없다. 직원들이 회사를 신뢰하지 않는다는 건 매장을 위해서 성실하게 일해줄 사람도 없다는 의미와 같다.

"

직원이 믿고 따를 수 있는 마인드를 갖춰야
나의 편에서 성실하게 일할 수 있는 직원들이 생기고
더 큰 매장으로 발전하면서 하나의 회사, 즉 기업으로 성장할
수 있다. 매장이 잘된다면 본인의 명품백과 불필요한 사치품보
다는 직원을 위해서 투자를 아끼지 말고,
고객을 위해서 보다 나은 서비스를 위해 힘써야 고객들이
오래도록 기억하고 사랑하는 가게가 될 것이다.

"

마카롱 3천 개 굽는 셰프의 하루, 넷

꿈에서도 일을 한다

목표를 정했다면 반드시 해내야 하기 때문에 미칠 수밖에 없다. 미치지 않으면 아무것도 해낼 수가 없다. 저렇게까지 해야 되나? 하고 주변에서 생각할 정도로 일에 미치고 빠져야 한다. 대한민국에 있는 모든 자영업자들이 경쟁자라고 생각해보자. 대충하거나 어설프거나 열정이 없거나 한다면 절대로 목표까지 도달할 수 없다. 남들보다 더 일찍 출근해야 하고 남들보다 더 늦게 퇴근해야 하고 내 분야에서 전문가가 되어야 성공할 수 있다. 오픈 초기에는 따로 휴무일을 정해두지 않았다. 하루 근무시간도 12시간이 훨씬 넘으니 체력은 바닥나기 시작했고, 직원들 먼저 쉬게 하고 한가하면 쉬겠다고 마음먹으니 열흘, 2주에 한 번 정도 쉬는 일이 이어졌다.

하루하루 숨 돌릴 틈 없는 전쟁터 같은 주방에서 살아남기 위해 매일을 견뎌냈다. 정신적으로도 쉴 틈이 없다. 언제나 머릿속은 단 1분도 업무에 대해 생각하지 않을 수가 없다. 그러다 보니 꿈도 항상 일에 관련된 꿈을 꾼다. 가끔은 좋은 아이디어를 꿈속에서 얻기도 한다. 얼마나 많이 생각하고 있었으면 꿈에서까지 일을 하고 있을까….

직원들 먼저 휴무를 주고, 한가할 때 쉬는 걸로 하니 한가한 날이 없으니 휴무도 없었다. 어쩌다 쉬는 날이면 미처 돌보지 못한 어린 아이들을 챙기느라 체력은 바닥을 쳤다. 그렇게 해서라도 꼭 성공을 시켜야 했다. 어느 정도 시간이 지나 이렇게 해서는 더 이상 체력이 버텨내지 못할 거라는 걸 느끼고 평일 고정 휴무를 시행했고, 매장이 체계를 잡아가던 시점인 2년이 지난 후에야 주말에 휴무를 하게 되었다.

그러다가도 갑자기 아르바이트생이 나오지 못할 때는 쉬는 날에도 매장을 봐야 했고, 생각 이상으로 바쁜 날에는 모든 디저트를 도맡아 만들어내야 했다. 손목에 무리가 가서 손이 항상 욱신거리고 저려왔다. 아침 일찍 물리치료를 받고 출근한 날에도 아무 문제없이 디저트를 만들어냈다. 매장 밖에서는 아픈 몸으로 다녔지만 주방에만 들어가면 언제 그랬냐는 듯이 힘이 솟았다. 내 나이 마흔셋, 한창 젊은 친구들보다 체력이 더 강하다. 일 조금 하고 힘들다고 그만두고 손이 아프네 허리가 아프네 하면서 퇴사하는 친구들을 보면 참으로 안타깝다.

오너는 슈퍼맨

힘든 시간을 겪어보니 인간에게는 한계가 없다. 한동안 손목이 그렇게 아파서 이 일을 오래 못할 거라는 생각이 들기까지 했지만 그보다 더 많은 걸 만들어내고, 더 힘든 시간이 닥쳐도 그보다 더 많은 걸 해내다 보니 이제는 면역이 되어서 그런지 강철 손목이 되었다. 하루에 3천 개 이상의 마카롱도 만들어낼 수 있고, 하루 천만 원 이상의 매출을 올릴 수 있는 체력으로 바뀌었다.

오너는 슈퍼맨이 되어야 한다. 모든 직원이 다 그만두어도 그 위기를 잘 버티고 이겨낼 수 있는 체력과 끈기가 있어야 한다. 기본적인 체력 관리부터 해야 남들 쉴 때 일하고 남들 9시간 일할 때 12시간, 15시간을 일할 수 있다. 물론 평생 15시간 일하라는 건 아니다. 사업 초기에는 그렇게 일하고, 나의 조력자를 만들어 나의 업무를 대신할 수 있는 관리자를 채용하고, 어느 정도 체계가 잡히면 휴식을 취하고 업무적인 관리 시스템을 구축하면 된다. 단 4~5년의 노력도 싫다면 사업을 하면 안 된다. 직장에서 직원으로 남으면 된다. 노력하지 않으면 대가도 없다. 이 치열한 세상에서 남들과 똑같이 일하고 남들과 똑같이 해서는 절대로 성공할 수 없다.

남들과 똑같이 일하고 성공을 바라면 안 된다. 무조건 부지런히 움직여야 성공한다. 그건 옛날이나 지금이나 변하지 않는 불변의 법칙이다. 미치지 않으면 성공할 수 없다. 미친 열정, 남들에게 미쳤다는 소리를 들을 정도로 해야 한다. '저 사람은 성공할 만해. 저렇게 하니 당연히 성공해!'라는 말을 들을 수 있도록 해야 한다. 보는 사람이 있으나 없으나 나 자신과의 싸움이다. 나에게 그렇게 일하라고 시킨 적도 없고 지금의 선택도 누가 시켜서 한 일도 아니다. 오로지 나의 선택이고 실패든 성공이든 오로지 다 내가 책임져야 할 부분이다. 이왕 시작했으니 성공하는 게 좋지 않을까? 남들에게 보란 듯이 성공해서 누구에게나 존경받고 닮고 싶은 인물이 되고 싶지 않은가? 방송국에서 섭외 요청이 들어올 정도로 유명해지고 싶지 않은가? 어느 누구에게 물어봐도 알 만한 그런 가게로 만들고 싶지 않은가?

성공은 곧 열정이다. 열정 없는 성공은 있을 수가 없다. 얼마만큼의 열정을 가지고 일하느냐에 따라 성공과 실패가 결정된다. 열정은 오너가 반드시 지니고 있어야 하는 덕목이다. 그 열정으로 인해서 좋은 영향력이 작용하여 채용되는 직원들 역시 열정이 넘치는 사람들만 모이게 된다. 나 한 사람의 열정이 얼마나 중요하고 얼마나 큰 작용을 발휘하는지 깨달아야 한다.

마카롱 3천 개 굽는 셰프의 하루, 다섯

모든 것을 오너가 직접 느끼고 체험해야 하는 것이 일상이 되어야 한다. 그렇게 쌓은 경험들을 매장에 어떻게 적용시키고, 어떤 변화를 주고, 앞으로 어떻게 성장하게 할 것인지 목표를 세우고 계획해야 한다. 그래야만 10년, 20년 지나도 고객들이 찾아오는 가게로 만들 수 있다. 프앙디의 목표는 단 하나다. 수백 년을 이어가는 디저트 회사로 자리매김하는 것이다. 그렇게 만들기 위해서는 항상 주위를 끊임없이 살펴야 한다. 지금 장사가 잘된다고 안주하지 말아야 한다. 미래를 위해서 준비하고 철저히 대비하여 어떤 상황이 닥쳐도 쉽게 무너지지 않는 가게로 만들어야 한다.

오래전부터 인테리어에 관심이 많았다. 집 꾸미는 것을 좋아하고, 한때 리폼과 인테리어 컨셉으로 블로그를 운영해 네이버 메인에도 소개되며 인기 블로거로 활동하기도 했다. 인테리어에 워낙 관심이 많다 보니 인테리어 전공자인지 묻는 사람도 꽤 있었다. 집을 리폼하고 혼자 뜯고 고치는 과정을 수도 없이 했다. 그게 프앙디까지 연결되어 매장의 구석구석 모든 인테리어를 직접 하게 된 원천이 아니었나 싶다. 익선동 가게도 두 차례의 사업 실패 끝에 최소한의 비용으로 인테리어를 해야 하니 여러 모로 힘든 점이 많았지만 꾸미고 만들기 좋아하는 나의 결과물이 기초가 되어 오늘날의 프앙디가 되었다.

프앙디 정문 공사 전후 모습

마당에서 본 오픈 주방 공사 전후 모습

식물 이외에는 크게 바뀐 게 없는 노출 담벼락

마당 공사 전후의 모습

과거 가정 주택의 주방이었던 공사 전후의 모습

고객보다 한 발 더 빨리

익선동 이전 후 3년이 흘렀다. 고객도 변하고, 익선동 거리도 변하고, 변하지 않은 것이 단 하나도 없다. 얼마 전 멀쩡한 빨간 소파를 모두 철수하고, 모든 테이블과 의자를 빈티지 컨셉으로 교체했다. 3년 전의 프앙디 인테리어와 컨셉은 이제 식상해지고 촌스러울 수 있다. 디테일한 부분에서 다양한 변화를 시도하고 있다. 간판도 바꾸고, 프앙디의 전반적인 분위기를 이전과 조금씩 다르게 바꾸는 중이다. 메뉴 또한 마찬가지다. 프앙디가 성장하는 동안 디저트 시장과 디저트 카페들 역시 계속 발전하고 변하고 있기 때문이다. 주변에서는 프랜차이즈도 아니고 분위기를 바꾸기에는 아직 이른 감이 있는데 왜 돈을 써가며 이곳저곳을 바꾸는지 의아해하지만 내 생각은 다르다. 고객들보다 한 발 빨리 움직여야 한다.

영원한 건 없다. 3년 전과 같은 인테리어와 메뉴로는 새로운 고객을 유치하기 힘들고, 다양한 고객들의 마음을 사로잡기 어렵다. 뭔가 정체되어 있는 듯한 예전 그대로의 컨셉은 더 큰 성장을 기대하기 힘들기 때문이다.

앞으로의 시장이 어떻게 바뀔 것인지? 그 고민과 생각에 따른 결과물로 보는 것이 맞는 의미일 것 같다. 새로 생긴 디저트 카페에 가보고 요즘 인테리어는 어떠한지 다른 곳은 어떤 메뉴로 인기를 끌고 있는지 늘 체크하다 보면 왜 내가 이런 결정을 하게 되는지 알게 될 것이다.

과거 테이블이
있던 자리에
(34쪽 참고)
대형 쇼케이스를
놓자 타르트
매출이 급격히
늘어났다.

마카롱 3천 개 굽는 셰프의 하루, 여섯

최소 인원으로 최대 매출

월요일 하루 매출을 보면 그 주의 매출이 예상되고, 매월 첫 주의 매출을 보면 그 달의 매출이 나온다. 특히 크리스마스, 연말, 발렌타인데이, 화이트데이 등 특별한 날에는 많은 물량으로 인한 준비가 철저해야 한다. 왜냐하면 예상 매출 없이 무조건 크리스마스에 바쁠 것이라는 기대로 터무니없이 디저트를 준비한다면 매출은 높지만 준비했던 많은 디저트를 폐기 처분해야 하는 상황 등 앞에서 벌고 뒤로 밑지는 장사로 오히려 손실이 발생하기 때문이다. 사실 이것은 오랜 경험에서 묻어 나오는 오너의 비범함이다. 그리고 그 데이터를 잊지 않고 기억해두어 다음 해에 어떻게 적용시키고 대비할지 준비한다.

오너는 특별한 날은 물론이고 이번 주, 이번 달 매출 등을 늘 예상하고 준비하는 자세가 필요하다. 이건 단순히 얼마를 버느냐의 문제가 아니다. 디저트를 생산하고 판매하기 위해 필요한 준비 데이터의 하나이기 때문이다. 매출이 급상승하는 발렌타인데이나 화이트데이 등은 특히나 많은 준비와 사전 대비를 필요로 한다. 매출에 따른 모든 걸 예상하고 관리자들에게 전달할 지시 내용과 가이드라인을 제공함으로써 최소 인원으로 최대 매출을 올릴 수 있기 때문이다.

귀신같이 맞춘 화이트데이 매출

2019년 화이트데이 때에는 일 최고 매출 8,068,500원을 기록하기도 했다. 발렌타인데이는 여성이 남성에게, 화이트데이는 남성이 여성에게 초콜릿을 선물하는 날이지만, 최근 들어 초콜릿 대신 다양한 디저트를 선물하는 문화로 바뀌는 추세 때문인지 프앙디의 디저트, 특히 마카롱이 불티나게 팔리면서 다른 디저트 한 달 매출을 하루 만에 찍을 수 있었다.

프앙디는 18가지의 다양한 마카롱을 판매 중이다. 여성들이 남성들에게 선물하는 발렌타인데이는 여성들의 성향이 그대로 들어난다. 18가지 마카롱 중에서 본인이 좋아하는 맛의 마카롱을 고르기 때문에 세트를 포장해놓을 수 없다. 하지만 남성들이 여성들에게 사랑 고백을 하는 화이트데이에는 선택을 힘들어하는 남성 고객들이 '그냥 알아서 주세요!' 또는 '베스트로 담아주세요!'라는 주문이 압도적으로 많다.

그 데이터를 가지고 이번 화이트데이는 사전에 단단히 준비를 할 수 있었다. 10가지로 구성된 BEST 제품을 미리 대량으로 포장해놓았던 것이다. 화이트데이 당일, 그 예상은 적중했고 수많은 남성 고객들이 특정 시간대에 집중적으로 방문했음에도 불구하고 전혀 번잡함 없이 착착 포장된 제품들을 판매할 수 있었고, 하루 최고 매출을 달성할 수 있었다. 이러한 예상이 없었다면 홀에서 정신없이 포장하기에 급급했을 것이고, 고객과의 원활한 소통은 물론이고 최고 매출은 어림도 없었을 것이다.

화이트데이 당일 최고 매출을 올리자 매니저가 묻는다. "미리 얘기해주지 않았으면 저희들도 고객들도 많이 힘들었을 겁니다. 어떻게 예상이 빗나가지 않고 적중할 수 있었는지요?"

가게에서 일하는 많은 사람들 중 가장 경험이 많은 사람은 바로 오너이다. 직원들이 생각 없이 지나갈 일도 기억하고 정리하는 습관을 가진 오너라면 누구든지 예상 매출을 사전에 알아차릴 수 있을 것이다. '그래도 어떻게 매출을 예상하나?'라고 생각할지 모르지만, 매장의 매출 데이터를 살펴보면 나름의 패턴이 있다. 그 패턴을 잘 분석하고 체크한다면 누구나 매장의 매출을 예상할 수 있는 능력이 생긴다. 사소한 일이지만 상당히 중요한 핵심이다. 얼마나 매장에 관심을 가지고 체계적으로 운영해 나가고 있는지는 오너의 매출 예상 맞추기로 알 수 있다.

마카롱 3천 개 굽는 셰프의 하루, 일곱

10년의 각오

두 번의 카페 실패로 몇 년을 보내는 동안 여러 생각이 들었다. 여기서 포기해야 하나, 더 해야 하나. 확신이 별로 없었다. 전공자도 아닌 내가 성공의 길에 들어선다는 건 쉽지 않다는 것을 알았기 때문이다. 하지만 누군가 그런 얘기를 한 적이 있다. 어떤 분야든 10년을 갈고 닦는다면 성공의 길에 들어설 수 있고, 만약 그렇지 않다면 그건 포기해도 좋은 일이라고 말해주었다. 디저트 만드는 일이 좋아서 시작했고, 디저트를 구매하는 고객을 보면 함께 행복할 수 있어서 이 일을 시작했다. 그래서 더더욱 포기할 수 없었다.

큰돈은 벌지 못하더라도, 큰 성공을 거두지 못하더라도 좋아하는 일을 한다는 것만으로도 얼마나 가치가 있는 일인지, 10년 동안만 해보겠다는 결심을 했다. 그렇게 제주, 남양주, 익선동을 거쳐 7년의 시간 동안 감히 상상할 수 없는 일을 해냈다. 모두가 안 된다고 할 때 청개구리 심정으로 반드시 해내서 꼭 증명해 보이리라 다짐했다. 그런 오기와 끈기가 지금의 프앙디를 있게 했다. 전 재산과 가족을 걸고 성공시켰다. 프앙디를 오픈할 당시 아이들의 나이는 고작 5살, 9살이었다. 엄마의 손길이 누구보다 필요한 시기였지만, 난 사업을 선택했다. 언제나 선택의 괴로움은 컸다.

퇴근 시간이 새벽이 될 때도 많았고, 아이들 등교하는 모습을 본 적도 손에 꼽을 정도였다. 아이들이 성장하는 것을 지켜보지 못하고, 돌봐주지 못했다는 생각이 들 때면 너무나도 괴로웠다. 아이들이 다른 아이들에 비해 성적이 안 좋거나 교우 관계가 원만하지 않다거나 발육이 늦으면 엄마의 괴로움은 더했었다. 모든 걸 포기하고 아이들에게 올인해야 하나? 아이들에게 지금 가장 중요한 시기인데 지금의 일을 조금 더 미뤄야 하나? 당시 여러 생각들이 나를 괴롭혔다.

비록 아이들에게 필요한 것들을 많이 해주지 못했지만 열정으로 똘똘 뭉친 엄마의 성공한 모습을 보여줄 수 있게 되어 뿌듯하다. 10년의 시간은 길 수 있지만 인생의 큰 틀에서 보면 짧은 시간일 수 있다. 평생을 걸고 할 사업인데 10년을 투자하지 못할까. 좋은 대학을 가기 위해 초등학교 6년, 중학교 3년, 고등학교 3년을 합쳐 모두 총 12년의 교육 과정을 받는다.

사업도 마찬가지, 10년은 반드시 해보겠다는 오기와 집념이 있어야 한다. 그동안 실패했고, 오래가지 못했던 사업을 보면 오기가 없었기 때문이며, 실패의 원인은 그저 돈을 쫓았기 때문이다. 성공의 가치를 알고 그 가치를 오래도록 유지하기 위해서 10년의 시간은 정말 짧은 시간일 수 있다. 투자가 없는 이익은 있을 수 없다. 세상에 공짜는 존재하지 않는다. 성공하려면 반드시 시간 투자가 필요하다.

마카롱 3천 개 굽는 셰프의 하루, 여덟

나를 찾아서

익선동 가게 이전 후 자리를 잡아갈 때 여러 직원들이 똘똘 뭉쳐서 나를 왕따시키는 황당한 일이 발생했다. 정말 이런 직원들과는 함께 사업을 이어나갈 엄두가 나지 않았다. 하지만 지금의 점장 도움으로 그 위기를 슬기롭게 헤쳐나갈 수 있었고, 그 후로도 타르트팀의 안정과 홀의 체계를 잡음으로써 프앙디는 정상궤도에 올라가는 듯했다. 하지만 마카롱팀에 오기를 꺼려하는 직원들을 설득해 몇 개월 가르쳐놓으면 몸이 안 좋다는 이유로 퇴사하기 일쑤였고, 언제까지 나 혼자 디저트를 만들 수 있을지 미래가 보이지 않는 때였다.

최대의 고비였다. 올해만 열심히 하고, 내년까지만 하면 나는 주방에서 어느 정도 손을 뗄 수 있는 날이 있을 거라는 희망으로 시간을 버텼다. 하지만 단 하루라도 내가 없으면 마카롱이 생산되지 않고, 체계가 잡히려면 아직도 멀었다는 생각에 모든 걸 다 내려놓고 싶었다. 아무리 생각해도 해답이 나오질 않았다. 3년 동안 쉼 없이 달려오면서 지쳤던 몸과 마음이 한순간에 무너지는 기분이었다. 수년 동안 힘들게 일궈놓은 사업체를 폐업할지도 모르겠다는 생각을 하니 매일이 고통의 시간이었다. 일단 나에게 휴식이 필요하다고 판단했다. 2주간의 유럽 여행을 계획했지만 그건 현실상 불가능했다.

나의 모든 시작은 제주였다. 제주에서 카페를 운영하며 마지막엔 빈털터리로 쫓겨나다시피 물러선 곳이기도 했지만 나를 응원하고 지지해주는 분들이 가장 많은 제주도로 3박 4일간 휴식을 취하기로 했다. 혼자만의 여행은 처음이었다. 조용히 지난 과거를 되돌아보고 인생의 최고 바닥일 때 생활했던 곳을 찾으니 감회가 새롭고 눈시울이 붉어졌다. 제주도에서도 힘들었지만 제주도를 떠난 후 얼마나 많은 고생을 했으며, 살아남기 위해서 매일매일 얼마나 큰 고통 속에서 살았는지 아무도 모른다. 하지만 제주 여행은 그런 나를 안아주고 품어주었다.

지금 하고 있는 일이 얼마나 고귀하고 소중한 일인지, 왜 나여야만 하는지, 나를 일으키고 이토록 귀한 달란트가 있다는 걸 알게 하고, 그동안 잊고 지냈던 것을 일깨워준 시간이었다.

"

어떤 방향으로 나아가야 하는지,
그동안 받은 감사와 은혜를 어떻게 갚아나갈 수 있는지
깨닫는 시간이 되었다.

"

직원에게 1억 원의 퇴직금을!

오픈 직원 9시 출근, 마감 직원 1시 출근, 각자 휴무일도 다르다. 일반 회사의 사원들은 퇴근 시간이 같기 때문에 회식도 잦고 휴무일도 모두 같으니 워크숍도 진행하기 수월하다. 하지만 업무 특성상 디저트 카페는 스케줄 맞추기가 상당히 어렵다. 전 직원이 한자리에 모인다는 것은 매장을 휴무하지 않는 이상 힘든 일이다. 그런 환경이 많이 안타깝다. 함께 일하는 직원들과 밥 한 끼 먹기가 하늘의 별따기다. 매장 오픈을 늦추고 식사를 가끔 함께 하기도 했지만, 직원들의 숫자가 늘어날수록 워크숍은 꼭 필요하다고 생각했다. 디저트 카페의 경우 빼빼로데이, 크리스마스, 연말연시는 가장 큰 시즌 중 하나다. 시즌을 잘해냈다는 칭찬과 그해 연도의 목표 달성의 단합을 위하여 2018년 1월 처음으로 1박 2일 워크숍을 다녀왔다. 2일 매출은 400만 원 수준이었고, 2019년 1월은 2박 3일의 워크숍을 추진했다. 이때는 매출 600만 원수준. 매출 포기와 워크숍 비용을 부담해야 하는 회사 입장에서는 쉽지 않은 일이다. 하지만, 성장과 직원들의 사기 충전, 단합에 이만큼 좋은 것은 없다. 그리고 올 한 해 회사가 나아갈 방향과 이루고자 하는 꿈을 공유한다.

프앙디가 여기까지 온 이유 중 하나는 다른 가게와 달리 복지와 혜택을 아낌없이 지원하는 데 있다. 지금보다 더 큰 발전을 할 것이고, 그렇게 된다면 직원들 개개인에게 돌아가는 혜택도 반드시 더 좋아질 것으로 믿기 때문에 장기 근무하는 직원들이 한 명, 두 명 늘어나고 있다. 그리고 직원 누구든 퇴직금이 1억 원 이상 되길 바란다. 월 1천만 원의 급여와 10년 근속이 되면 퇴직금 1억 원을 지급할 수 있다. 1억 원의 퇴직금을 지급한다는 건 그 회사가 엄청난 성장을 하고 큰 이익을 냈다는 의미다. 사실 1억 원의 퇴직금을 지급해본 적이 없기에 어느 정도의 이익이 날지 감히 상상하지 못한다. 여하튼 1억 원이 넘는 퇴직금을 줄 수 있는 회사로 만들고 싶다. 목표는 크게 갖자. 꿈조차 꿀 수 없다면 인생이 얼마나 재미 없겠는가. '내가 1억을 벌자.'라고 생각하는 것과 '1억 원의 퇴직금을 지급하겠다.'라는 마음은 어찌 보면 종이 한 장 차이일 수 있다. 생각의 차이가 인생을 바꾼다. 누군가는 이 글을 보고 불가능이라고 생각할지 모른다. 하지만 언제나 그래 왔듯이 나만의 목표를 위해 달릴 것이고, 직원에게 1억 원의 퇴직금을 지급하는 영광스러운 날이 오기를 간절히 바란다.

마치며

골육종암 그리고 기적

불우했던 가정, 가난했던 어린 시절, 열심히 성실하게만 살면 누구나 큰돈을 벌 수 있다고 믿었다. 오로지 돈을 벌기 위해 좋아하지 않는 일을 하며 보낸 20대, 사기와 배신으로 얼룩진 30대에 모든 걸 잃었다. 매번 더 떨어질 나락이 있을까 생각했지만 정말 끝 모를 추락의 연속이었다. 정말 이젠 끝이라고 생각했을 때 골육종이라는 암을 진단받고, '세상은 왜 이런 걸까?' 한탄하며 펑펑 울었다. 돌쟁이 아기를 뇌두고 갈비뼈 두 개를 잘라내고 홀로 항암치료를 받았다. 골육종은 5년이상 생존율이 20%도 안 되는 흔하지 않은 암이다. 얼마 살지 못할 것이라는 의사의 말을 들었을 때는 절망만이 남아 있었다. 그 당시에 한살된 아기가 열살이 될 때까지만 살아있게 해달라고 기도했다.

1년 간의 투병 생활을 이겨내고, 3년 후 둘째까지 낳았다. 암 치료 받은지 이제 11년이 되었다. 살아있다는 것 자체가 기적이라 생각한다. 항상 다시 주어진 내 삶이 헛되지 않게 살아가려고 노력한다.

우연은 없다

죽음의 문턱에서 어떻게든 먹고 살기 위해 시작했던 사업이 번번이 실패했다. 그리고 남들에게는 얼마 되지 않는 돈이지만 10년 동안 안 쓰고, 안 입고 모은 돈을 날린 그 시점에 시작한 것이 마카롱이었다. 내 인생 처음으로 돈을 벌기 위한 것이 아니라 행복해지기 위해 디저트를 만들기 시작했고, 그 시간이 미치도록 행복했다. 제주, 남양주, 종로 익선동까지 카페로만 3번째 오픈이다. 생활비조차 벌지 못했던 그 시절, 아무리 힘들어도 희망만은 버리지 않았다. 10년의 시간 동안 실패를 수없이 맛보았지만, 나는 언제나 다시 일어섰다. 모두가 안 된다고 했다. 그 말에 복수라도 하듯, 5년이 지난 지금에는 연간 11억 원이라는 기록적인 매출을 올릴 수 있었다. 수제 마카롱, 수제 디저트 카페로는 단언컨대 최고 매출이라고 자신할 수 있다. 어떤 이들은 우연히 마카롱 유행 덕분에 운이 좋아서 잘된 거라고 생각할 수도 있다. 하지만 나는 그렇게 생각하지 않는다. 디저트를 정성스럽게 만들고 최선을 다해 판매했기 때문이라 생각한다. 5년 넘게 운영하면서 마카롱이 생산되는 날은 마음 편히 쉬어본 적이 없다. 매장에서 만들어지는 모든 디저트를 직접 검수하고 확인하고 내보냈으며, 기준에 적합하지 않은 디저트는 모두 폐기 처분했다.

'기준에 적합하지 않다.'라고 하는 건 정성들여 만들지 않은 디저트이기 때문이다. 정성이 들어가지 않은 디저트는 내 사전에 절대 있을 수 없는 일이고 있어서도 안 되는 일이다. '이 정도면 고객이 알리 있겠어?'라는 생각으로 디저트를 만드는 순간, 그 제품은 폐기해야 한다. 나의 경영방침을 이해 못하는 직원들 때문에 1년 동안은 많이 울고, 마음 아픈 시간도 많았다. 모든 직원이 퇴근하고, 새벽까지 홀로 디저트를 만들면서 눈물로 견뎌낸 시간이었다. 절대로 우연히 이루어질 수 있는 일이 아니다.

> **"**
>
> 우연이란 노력하는 사람에게 운명이 놓아주는 다리이다!
>
> **"**

함께 성공하는 법

익선동 오픈 때 크지도 않은 매장인데 부족한 테이블을 본 지인이 400만 원을 선뜻 내주어 테이블을 구입하고, 하루 수입으로 프앙디를 하나하나 채워나갔다. 매일의 절실함과 뼛속 깊이 새긴 마음의 고통을 절대로 잊지 못한다. 아이들이 먹고 싶다는 음식을 맘껏 사주지 못했고, 함께한 추억들이 없다. 5살의 아이가 지금 9살이 되었고, 9살의 아이가 13살이 되었다.

이제는 믿을 만한 직원도 있고 나 없이도 다들 성실히 일해주니 그동안 소홀했던 가정도 돌보려 한다. 직원들 먼저 쉬게 하고 손목이 아파 매일 물리치료를 받으며 이를 악물고 일궈낸 소중한 일터이지만, 이제 휴식시간을 제대로 갖고 미래의 도약을 준비하려고 한다. 10여 명의 직원과 나의 가족, 보조금을 지원하는 단체까지 수십 명의 삶이 걸려 있다. 앞으로 수백 명, 수천 명의 삶을 책임질 수 있는 회사로 성장하기 위해 더 노력할 것이고 달릴 것이다. 살아보니 인생은 혼자만의 것이 아니라 많은 사람들과 함께 해가는 공동체라는 것을 절실하게 깨달았다. 하나보다는 둘이 낫고 둘보다는 열이 낫다. 10년 후 디저트 업계를 이끄는 최고의 회사로 만들기 위해 지금의 인재들과 함께 어떤 역경도 헤쳐나갈 준비가 되어 있다.

영원한 흙수저도 없고, 영원한 금수저도 없다

요즘 흔히 말하는 흙수저로 태어나 오로지 나만 믿고 살아야 했던 지난날, 잘못된 가치관과 고집으로 실패를 거듭했던 10여 년의 시간들을 반성한다. 영원한 흙수저도 없고, 영원한 금수저도 없다. 본인의 노력하에 흙수저도 금수저로 바뀔 수 있고, 금수저도 노력하지 않으면 흙수저가 될 수 있다. 실패를 경험했기에 다시는 실패하지 않으려 노력할 것이고, 성공의 달콤함에도 취해 있지 않을 것이다. 남들은 성공했다고 얘기하지만, 지금의 성공은 시작일 뿐이다. 꿈이 있다는 것은 행복한 일이다. 아무 꿈 없이 매일 무료한 삶을 사는 것조차 불행한 삶이 없다.

모든 이들이 꿈을 꾸었으면 좋겠고, 그 꿈을 위해서 열정을 가지고 도약했으면 한다. 나 역시 힘든 시간을 겪었고, 그 시간을 이겨냈기에 지금의 내가 있는 것이다. 힘든 시간을 견뎌내는 많은 사람들에게 나의 이야기가 조금이나마 도움이 되었으면 하고, 같은 업종에서 일하는 이들과 창업하는 분들에게 도움이 되었으면 한다.

항상 부족하지만, 그 부족함을 채우기 위해 배움의 자세로 임할 것이다. 지금까지 그래 왔듯이 목숨 걸고 사업체를 지켜나갈 것이며 최선을 다해서 운영해나갈 것을 다짐한다. 글 한번 제대로 써본 적 없는 사람이 원고를 잘 쓸 수 있을까 걱정도 되었지만, 그동안의 일들을 진솔하게 정리하면서 잊고 있었던 초심에 대해서 다시 한 번 생각하게 되었고, 글로 옮기면서 얼마나 많은 일을 해냈는지 스스로 칭찬해주고 정리할 수 있는 소중한 시간이 되었다. 출판사와 계약하는 날, 한강에 홀로 앉아 눈물을 흘렸다. 7년 전 친구에게 속사정을 털어 놓고 들은 이야기가 떠올랐다. "나중에 성공해서 책 쓰려면 이 정도 고생은 해야 돼."

이 말을 매일매일 되새기며 살았다. 10대 시절 지독하게 가난했을 때 누군가에게 희망이 되고자 하는 막연한 생각으로 무조건 열심히 살아야 한다고 다짐했던 그때가 떠올라 만감이 교차했다.

" 우리 모두 하루를 살아내고 있는
이 시간들이 모두 기적입니다.
기적같이 살아온 내 인생,
그리고 우리가 살아낼 기적 같은 인생.
당신의 삶을 응원합니다. 우리의 삶이 모두 기적입니다.
잘 다니던 직장까지 퇴사하며 사랑하는 아내의 꿈을 위해
항상 헌신하고 외조하는 남편과 늦은 나이에 운명처럼
파티시에라는 직업을 갖을 수 있도록 인도해주시고,
이 모든 고난의 시간을 함께 해주신 하나님께
이 책을 바칩니다 .

프앙디 오너셰프 김혜경

　　　　　　　　　　　　　　　　　　　　　　"

누군가에게 희망을 드리는 일

현재 디저트 카페의 운영에 어려움을 겪는 분들께 매장의 문제점을 찾고, 앞으로 나아갈 방향을 함께 얘기하면서 지금까지 쌓아온 저의 노하우를 공유하고자 합니다. 메뉴 선정법, 메뉴 세팅법, 인재를 찾는 법, 면접보는 법, 정부 지원받기, 대량 생산팁 등 디테일한 수십 가지 노하우들을 현업에 있는 분들에게 작게나마 도움을 드리고 싶습니다. 이 책을 읽었다고 모든 걸 다 알 수 없을 것이고, 책에 집필하지 않은 현실적인 경영 노하우들을 알려드리고자 합니다.

이 일로 어떤 이득을 취하려는 것은 아닙니다. 오해가 없으시길 바랍니다. 누군가의 도움도 받을 수 없고, 조언 받을 곳 없는 사장님들에게 이 길을 먼저 걸어온 선배로서 도움을 드리고자 하는 것입니다.

지원 조건 ; 현재 디저트 카페를 운영 중인 분
선정 기준 : 매달 1~2명을 선정하여 매장을 직접 방문
지원 방식 : haniuni00@naver.com (지원 양식은 따로 발송 예정)